AF826653

# Die Verpfändung ausstehender Forderungen

mit Ausschluß

der Hypotheken und Inhaberpapiere.

---

Eine vergleichende Darstellung nach gemeinem, preußischem und Handelsrecht

von

**Dr. jur. Georg Marcus,**
z. Z. Gerichtsassessor in Berlin.

---

**Berlin.**
Verlag von J. Guttentag (D. Collin).
1876.

# Literatur.


I. Die Lehrbücher des Pandekten-Rechtes von **Arndts**, **Baron**, **Brinz**, **Keller**, **v. Vangerow** und **Windscheid**.

II. 1. **Huschke**, De pignore nominis 1820, übersetzt in **Barth**, Dissertationen-Sammlung Bd. II S. 260 sq.

2. **Mühlenbruch**, Cession II. Aufl.

3. **Trotsche**, Das Verpfändungsrecht des Pfandgläubigers, II. Ausgabe 1837.

4. **Sintenis**, Pfandrechtliche Streitfragen, I. Heft 1835.

5. Derselbe, Handbuch des gemeinen Pfandrechts 1836.

6. **Buchka**, De pignore nominis 1843.

7. **Schwarze**, in der sächsischen Zeitschrift für Rechtspflege, neue Folge Bd. V.

8. **Dernburg**, Pfandrecht Bd. I §. 60. 1860.

9. **Schmid**, Grundlehren der Cession, 1863 Bd. I.

10. **Sohm**, Die Lehre vom subpignus, 1864.

11. **Bremer**, Pfandrecht und Pfandobjekte, 1867.

12. **Eberhard**, Verpfändung von Forderungen nach gemeinem Recht, 1869.

13. **Exner**, Kritik des Pfandrechtsbegriffes, 1873.

14. **Seuffert**, Archiv für Entscheidungen der obersten Gerichte in den deutschen Staaten.

15. **Baehr**, Zur Cessionslehre, in **Jhering**, Jahrbücher für Dogmatik Bd. I*).

III. Die Lehrbücher des Preußischen Privatrechts von **Bornemann**, **Koch**, **Förster** und **Dernburg**.

IV. 1. **Koch**, Kommentar zum preußischen allgemeinen Landrecht.

2. **Schmidt**, Grundsätze des gemeinen und preußischen Pfandrechts, 1840.

3. **Korte**, im Arnsberger Archiv Bd. V.

4. **von Niebuhr**, in **Gruchot**, „Beiträge zur Erläuterung des preußischen Rechts", Bd. XVI.

5. **Striethorst**, Archiv für Rechtsfälle.


*) Die sonst benutzte Literatur wird seines Ortes in der Darstellung selbst erwähnt werden.

V. Die Kommentare zum Allgemeinen Deutschen Handelsgesetzbuch von Anschütz und v. Völdernborff, von v. Hahn, Makower und Puchelt.

VI. 1. Goldschmidt, Handbuch des Handelsrechts Bd. I.

2. Laband, In seiner und Goldschmidt's Zeitschrift für das Allgemeine Handelsrecht Bd. IX.

3. Renaud, Lehrbuch des Allgemeinen Deutschen Wechselrechts 3. Aufl. 1868.

4. Entscheidungen des Reichs-Oberhandelsgerichts*).

*) Die sonst benutzte Literatur wird seines Ortes in der Darstellung selbst erwähnt werden.

# Einleitung.

Unser preußisches vaterländisches Gesetzbuch bedient sich häufig des Ausdruckes „ausstehende Forderung", „Activ-Forderung"[1]) in einem verschiedenen Sinne von „Forderung" schlechthin, ohne denselben jedoch zu definiren. Seine Bedeutung ist neuerlich in der gemeinrechtlichen Jurisprudenz näher von Delbrück[2]) erörtert worden, nach dessen Vorgang[3]) man darunter im Allgemeinen diejenigen obligatorischen Ansprüche zu verstehen pflegt, deren Inhalt eine Geldleistung ist; der adäquate Ausdruck der Römischen Rechtssprache ist der Begriff nomen, aes alienum; letzteres ist die Geldschuld, als Passivum im Vermögen des Verpflichteten, ersteres die diesem entsprechende Berechtigung, die Schuldforderung als selbstständiger Werth im Vermögen des Gläubigers. Darauf weist der Ursprung des Begriffes nomen hin, welcher in dem altcivilrechtlichen Literalcontract der Römer in den codices expensi et accepti die Geldforderung bezeichnet, als Saldo zu Gunsten des einen der beiden Contrahenten (nomen transcripticium[4])). In diesem Sinne erklärt Justinian in L. ult. Cod. de pact. conv. 5, 14. nomina durch foeneratitiae cautiones[5]). Im gewöhnlichen Leben wurde aber diese ursprüngliche, engere Bedeutung des Ausdruckes verlassen und derselbe auf alle Forderungen, gerichtet auf das dare eines genus, ausgedehnt[6]). Es

---

[1]) Z. B. ALR. I, 20 §§. 281, 290, ebenso §§. 101 sq. AGO. I, 24. Gesetz vom 4. Juli 1822 §§. 1, 6, 7.

[2]) Uebernahme fremder Schulden, 1853, bes. S. 10.

[3]) Brinz, Pandekten 1. Aufl. Bd. I S. 374 sq. Salkowski, z. Lehre von der Novation 1866 S. 9 sq.

[4]) Gaius III §. 128.

[5]) Vergl. Huschke, a. a. O. S. 262 Note 1.

[6]) Sehr richtig ist die Bemerkung Salkowski's a. a. O. pag. 10 Note 19:

scheidet hiernach aus dem Begriffe aus jede Forderung auf ein facere; aber auch die Ansprüche auf die Leistung einer Sache bezeichnet die Rechtssprache dann nicht als nomen, wenn der Forderungsberechtigte bereits Eigenthümer der Sache ist, z. B. die Forderung des Deponenten, Commodanten u. s. w. auf Rückgabe; in diesem Falle sieht der Berechtigte nicht sowohl die Forderung als vielmehr die Sache selbst als Bestandtheil seines Vermögens an[7]). Eine andere Bedeutung unseres Begriffes entspringt aus dem Gegensatze der Einseitigkeit und Gegenseitigkeit der Obligationen[8]). Die Verpflichtung des Käufers, Miethers, Pächters erscheint als Passivum, und die dieser correspondirende Berechtigung des Verkäufers, Vermiethers, Verpächters als Activum, als „ausstehende Forderung" nicht sofort nach Abschluß des Vertrages; vielmehr kann der A, der an B ein Haus verkauft, den Anspruch auf das Kaufgeld zu seinem Activum erst dann zählen, wenn er den Vertrag erfüllt hat, wie umgekehrt regelmäßig der Anspruch des B erst dann begründet ist, wenn er seinerseits geleistet hat, resp. sich zu seiner Leistung erboten hat[9]).

Hiernach definiren wir die „ausstehende Forderung" als den von der Verpflichtung zu einer Gegenleistung unabhängigen, auf das dare eines genus, vorzüglich Geld, gerichteten Anspruch, als actuellen Bestandtheil im Vermögen des Gläubigers gedacht. „Obligation", sagt Delbrück, „bezeichnet die Beziehung der Pole auf einander, Forderung und Schuld sind die Pole in ihrer Selbstständigkeit, so jedoch, daß jeder die Beziehung auf den anderen als aufgehobenes Moment in sich hat."

Die Correspondenz der Ausdrücke nomen und „ausstehende Forderung" zeigt sich in dem Sprachgebrauch des corpus juris und des

---

„Regelmäßig bezeichnet nomen eine Geldforderung, und den Gebrauch dieses Wortes in L. 18 pr. Dig. de pig. act. 13, 7, wo das nomen pecuniarium dem nomen corporis alicuius gegenüber gestellt wird, können wir nur als Anomalie betrachten". Vergl. Grimm, Wörterbuch der deutschen Sprache s. v. „Ausstehen".

[7]) In diesem Sinne unterscheidet der §. 18 des preuß. Gesetzes v. 20. März 1854 richtig die Exekution in Sachen oder Gelder, welche dem zu Exequirenden eigenthümlich gehören, sich jedoch im Besitze oder der Gewahrsam eines Dritten befinden, von der im §. 17 daselbst behandelten Exekution in Forderungen.

[8]) Vergl. Brinz, a. a. O. S. 375.

[9]) Vergl. vorläufig L. 2 Cod. quae res pignori 8, 17.

A. L. R. darin, daß jene stets da gewählt werden, wenn die Forderung als Verkehrsobjekt Gegenstand von Rechtsgeschäften wird; so ist dort stets vom pignus nominis, ususfructus nominis die Rede und unser Landrecht spricht von Verpfändung, „ausstehende Forderungen" oder „Activforderungen"[10]).

Die Entwickelung der Grundsätze, welche nach den Systemen des gemeinen, preußischen und Handelsrechtes gelten, wenn ausstehende Forderungen, für die Zwecke des Realcredites verwerthet, in den Pfandverkehr treten, bildet den Gegenstand unserer Aufgabe. Dieselbe ist durch die Wahl des Wortes „Verpfändung" in unserem Thema auf das durch Vertrag begründete, sog. Conventionalpfand, beschränkt; ebenso scheiden wir, außer den ebenfalls ausdrücklich ausgeschlossenen Hypotheken- und Grundschulden und Inhaberpapieren, nach der von uns vorangeschickten Begriffsbestimmung in unserer Erörterung der handelsrechtlichen Grundsätze bezüglich der Verpfändung der Orderpapiere die Verpfändung des Connossements, der Lade- und Lagerscheine aus. Abgesehen nämlich davon, daß die Verpflichtung des aus diesen Urkunden Obligirten von der Gegenleistung Seitens des Berechtigten nicht losgelöst zu sein braucht, so geht dieselbe nicht auf die Lieferung generell oder individuell bezeichneter Sachen, sondern auf die Auslieferung[11]) d. h. die Restitution der empfangenen Species, so daß in der Verpfändung derartiger Orderpapiere[12]) nicht die Verpfändung einer Forderung, sondern die symbolische Verpfändung der Waaren, über welche dieselben lauten, enthalten ist[12a]).

---

[10]) L. 18 pr. Dig. de pig. act. 13, 7. L. 3 pr. D. de usufr. ear. rer. VII, 5. §. 281 ALR. I, 20 §. 284 ibid. Ebenso Verordnung v. 28. Decbr. 1840 §. 2 Ges.-Samml. v. 1841 S. 4.

[11]) Vergl. Anschütz und v. Völdernsdorff, Kommentar zum ADHGB. Bd. III S. 126.

[12]) Dieses Gegensatzes wegen unterscheidet der Artikel 302 HGB. diese von den Orderpapieren des Artikels 301.

[12a]) Dies hier auszuführen ist nicht der Ort; siehe die Entscheidung des Ob.-Trib. zu Berlin v. 25. Juni 1856 bei Striethorst, Archiv. Bd. 19 S. 310.

Wenn man die Quellen des gemeinen Rechts betrachtet, so kann man mit Grund nicht daran zweifeln, daß die Römer das Pfandrecht als dingliches Recht ansehen; sie zählen dasselbe ausdrücklich den iura in re bei und bezeichnen es also; so heißt es in L. 30 D. de nox. act. 9, 4: In noxatibus actionibus eorum, qui bona fide absunt, ius non corrumpitur, sed reversis defendendi ex bono et aequo potestas datur, sive domini sunt, si aliquid in ea re ius habeant, qualis est creditor et fructuarius; und in L. 19 pr. D. de dam. inf. 39, 2. wird der Creditor neben dem fructuarius et superficiarius als ein solcher genannt, welcher aliquod in re ius habet. Abgesehen davon, und daß die Klage des Pfandberechtigten als dingliche analog der Vindication des Eigenthümers zu dem Zwecke ertheilt wird[13]), um mittelst derselben die Sache, kraft des Rechtes an ihr, zu verfolgen, wird überhaupt das Pfandrecht in den praktischen Anwendungen überall als ein den iura in re gleichartiges Recht behandelt[14]), so daß die herrschende Lehre unbeirrt von den Angriffen Neuerer[15]) an der Auffassung der dinglichen Natur des Pfandrechtes festhalten durfte. Bewahrt nun das Pfandrecht diese seine Natur auch dann, wenn dasselbe an nicht körperlichen Sachen, besonders an Forderungen bestellt wird?

Hierauf und auf die allgemeinere Frage, wie sich der für das Sachenpfand ausgebildete römische Pfandrechtsbegriff gestaltet habe, nachdem auch Forderungsrechte der Verpfändung unterworfen wurden, enthalten die Aussprüche der römischen Juristen nirgends eine Ant-

[13]) L. 2 pr. Cod. de quadr. praescript. 7, 37 und L. 81 C. de praescr. trig. ann. 7, 39.

[14]) L. 11, 12, 19 pr. Dig. de damn. inf. 39, 2. L. 9 Dig. de oper. nov. nunt. 39, 1. Vergl. v. Keller, Pandekten 2. Aufl. Bd. I §. 189 Note 1—3.

[15]) Insbesondere Büchel's civilrechtliche Erörterungen 1833 No. 2.

wort. Die L. 4 Cod. 8, 17 quae res pign. lehrt: nomen quoque debitoris pignorari et generaliter et specialiter posse, iam pridem placuit; sie erhält ihre Ergänzung durch die Worte des Paulus in der bekannten L. 18 pr. D. de pig. act. 13, 7:

si convenerit, ut nomen debitoris mei tibi pignori sit, tuenda est a praetore haec conventio.

Die Wirkung dieser Verpfändung erfahren wir aus den folgenden Worten des Juristen: ... ut et te in exigenda pecunia et debitorem adversus me, si cum eo experiar tueatur, sowie aus dem Munde des Diocetian in L. 7 Cod. de hered. vel act. vend. 4, 39: post quam eo decursum est, ut cautiones quoque debitorum pignori darentur, ordinarium visum est, post nominis venditionem utiles emtori, sicut responsum est, vel ipsi creditori postulanti, dandas actiones[16]).

Hierzu kommt die L. 4 Cod. cit. 8, 17, sowie die L. 20 D. de pign. 20, 1[17]); letztere Stelle zeigt uns die Ausdehnung des Verpfändungsgeschäftes auch auf solche Forderungen, über welche ein Schuldschein nicht ausgestellt war, in den Worten: Cum convenit, ut is, qui ad refectionem aedium credidit de pensionibus iure pignoris ipse creditum recipiat, etiam actiones utiles adversus inquilinos accipiet, cautionis exemplo, quam debitor creditori pignori dedit. Diese Stellen bilden im Wesentlichen das Material für unser Institut.

Abgesehen von dem in L. 7 Cod. 4, 39 cit. dem Forderungs-Pfandgläubiger eingeräumten Verkaufsrecht zum Zwecke seiner Befriedigung, heben die übrigen Stellen als Wirkung der Forderungs-Verpfändung die dem Gläubiger gegen den Schuldner des Verpfänders zustehende actio utilis hervor.

Die sich auch hier bewahrheitende Eigenthümlichkeit des römischen Rechtes, daß die Gestaltung neuer Rechtsinstitute meist in der prozessualischen Erscheinung einer neuen Klage zu Tage tritt[18]), hat zur

---

[16]) Dies ist die bisher gangbare Lesart. Auf eine neuere, handschriftlich besser begründete kommen wir später zu sprechen.

[17]) Auf einige andere Stellen, insbesondere L. 8 Cod. cit. 4, 39, sowie L. 2 und 4 Cod. si quae res pign. gehen wir unten näher ein.

[18]) Vergl. die treffende Bemerkung Baehr's bei Ihering, Jahrbücher für Dogmatik Bd. I S. 389 Note 41.

Folge gehabt, daß die Untersuchung der Aelteren über das Forderungs-Pfand sich lediglich auf die Frage nach der Natur jener actio utilis beschränkte, welche letztere dann von der Glosse und nach derselben besonders von Cujac[19]) dahin beantwortet wurde, es sei die actio hypothecaria jedes Pfandgläubigers. Diese, schon im vorigen Jahrhundert verlassene Ansicht, welche durch Mühlenbruch[20]) und nach ihm durch Huschke's Ausführung[21]) ein für allemal abgethan schien, ist in neuerer Zeit wiederum von Trotsche[22]) mit folgenden Gründen vertheidigt worden: „Mit der Ausdehnung des Pfandvertrages auf unkörperliche Sachen unter Anerkennung eines pignus am nomen, sei das Recht des Pfandgläubigers an dem Forderungsrechte sanctionirt und in seinen Wirkungen mit denjenigen an körperlichen Sachen gleichgestellt worden; hieraus hätte sich nothwendig auch die Ausdehnung der hypothekarischen Klage, als der hauptsächlichen Folge des Pfandrechtes ergeben, da dieses ohne jene nicht mehr seine Natur bewahre; weil aber jene ursprünglich nur auf körperliche Sachen gerichtet war, so erscheine sie hier als utilis, als welche sie, wie die directa bei körperlichen Sachen, das Ziel verfolge, dem Pfandgläubiger den Besitz der Sache zu verschaffen, deren Leistung Gegenstand der verpfändeten Obligationen gewesen[23]). Diese ganze Begründung läuft, wie schon Buchka[24]) richtig bemerkte, auf eine petitio principii hinaus. Es fragt sich ja eben darum, ob das Pfandrecht auch an einer Forderung als dingliches Recht erscheine und die hypothecaria actio erzeuge.

Frühzeitig ist hiergegen von Donell (ad L. 4 Cod. quae res pig. 8, 17) geltend gemacht worden: hypothecariam intelligere non

---

19) Siehe die dogmengeschichtliche Uebersicht bei Huschke, a. a. O. S. 270 bis 273; Sintenis, pfandrechtliche Streitfragen 1. Heft S. 7—9. Dernburg, a. a. O. S. 462 Note 2. Negusantius, tract. de pig. et hyp. pas. 8 membr. 1 No. 19: in nomine debitoris obligato creditori, creditor agere potest actione utili hypothecaria.

20) Cession der Forderungsrechte 1. Aufl. S. 334, 506.

21) A. a. O. S. 274.

22) Verpfändungsrecht des Pfandgläubigers 2. Ausgabe 1837 S. 79, 81, 82.

23) Ueber die sonstigen Gründe Trotsche's siehe Sintenis, pfandrechtliche Streitfragen S. 21.

24) Dissertatio cit. de pign. dominis S. 9.

possumus, haec enim possessionem pignoris avocat, nomen autem ius est cuius nulla est possessio[25]). Gegen jene Ansicht spricht vor Allem der Umstand, daß dem Verpfänder selbst gegen seinen Schuldner nur eine persönliche Klage zur Geltendmachung seines Anspruches zusteht, und daß hiernach der Pfandgläubiger die Eintreibung derselben Leistung nicht mittelst dinglicher Klage bewirken kann; non plus habere creditor potest, quam habet qui pignus dedit[26]), so wenig, als der verpfändende Gläubiger eine dingliche Klage hatte, so wenig konnte der Abschluß des Pfandvertrages eine solche schaffen. Daß aber die Vorstellung eines dinglichen Rechtes an einem persönlichen Rechte unrömisch und die Klage des Forderungs-Pfandgläubigers nicht die dingliche des Sachpfandgläubigers ist, beweisen die Stellen, welche von der Ausübung des Rechtes desselben ex professo handeln[27]); denn die Ausdrücke „exigere", (exacta pecunia) werden in den Quellen stets von der persönlichen Klage, der actio, im Gegensatz zur petitio gebraucht[28]).

Was das preußische Recht anlangt, so war die Controverse über die rechtliche Natur des Pfandrechts, welche die gemeinrechtliche Jurisprudenz gegenwärtig bewegt zur Zeit der Redaction des Landrechtes im gemeinen Recht völlig unbekannt. Unbezweifelt galt das Pfandrecht als dingliches Recht. Dieser Auffassung seiner Zeit folgend, definirt unser Gesetzbuch im §. 1 I, 20: „Das dingliche Recht, welches Jemanden auf eine fremde Sache zur Sicherheit seiner For-

---

[25]) Zweifelhaft ist die Ansicht von Sintenis, pfandrechtl. Streitfr. I S. 18 §. 4a. A., während er im Handbuch des Pfandrechtes 1836 S. 148 sq. bestimmt gegen die actio hyp. sich erklärt. Sowohl Bremer, der in seiner Schrift: Pfandrecht und Pfandobjekte 1867 alles Pfandrecht als dingliches Recht am Rechte charakterisirt, als Windscheid, Pandekten Bd. I S. 663, der ebenfalls in unserem Falle ein dingliches Recht annimmt, geben doch dem Forderungs-Pfandgläubiger die hypothecaria nicht zur Eintreibung des Objekts der Forderung; insofern stimmen sie im praktischen Resultate mit der herrschenden Ansicht überein. Vergl. noch L. 66 pr. D. de evict. 21, 2.

[26]) L. 3 §. 1 D. de pig. 20, 1.

[27]) L. 18 pr. D. cit. de pig. act. 13, 7 u. L. 13 §. 2 i. f. Digest. 20, 1.

[28]) Vergl. über diesen Sprachgebrauch Brissonius de verborum significatione sub voce: exigere. Vergl. L. 25 D. de obligationibus et actionibus 44, 7. Vergl. über den Begriff exigere Bruns in Symbolae Bethmanno-Hollwegio 1868 S. 33.

derung eingeräumt worden, und vermöge dessen er seine Befriedigung selbst aus der Substanz dieser Sache verlangen kann, wird ein Unterpfandsrecht genannt." Durch diese Begriffsbestimmung schien jeder Streit über die begriffliche Grundlage des Pfandrechtes für das preußische Recht abgeschnitten, so sehr, daß die Darstellung der namhaftesten Lehrer[29]) desselben bis auf Förster[30]) sich an der Reproduction der Definition des Gesetzbuches genügen läßt. Gewiß enthält der §. 1 I, 20 volle Wahrheit für das Pfandrecht an Immobilien, welches durch Eintragung, und an beweglichen körperlichen Sachen, welches durch Besitzübertragung dinglich wird[31]). Für das Forderungspfand aber muß, ebenso wie im gemeinen Recht, auch im preußischen die Dinglichkeit in Abrede gestellt werden. Hieran ändert auch Nichts der Umstand, daß der §. 2 der Verordnung vom 9. December 1809[32]) von der Verpfändung der Forderung als „Begründung eines dinglichen Rechts" spricht[33]). Wollte man sich für die gegentheilige Ansicht auf das Wort „Sache" in der Definition des §. 1 I, 20 stützen, so würde dem entgegenzusetzen sein, daß bei der Mehrdeutigkeit dieses Wortes in den §§. 1—3 I, 2 ALR. dieser Ausdruck an sich nicht geeignet ist, einen Anhalt dafür zu gewähren, in welchem Umfange der Gesetzgeber denselben braucht; daß aber im §. 1 I, 20 „Sache" nicht auch Rechte, insbesondere nicht Forderungen mitumfaßt, ergiebt sich daraus, daß an ihnen, da dieselben nicht Objekte des Besitzes sind[34]), ein dingliches Recht nicht möglich ist. Somit kann Koch nicht beigepflichtet werden, wenn er den §. 126 I, 2 ALR.[35]), welcher das dingliche Recht definirt, commentirend, zu dem Wort „Sache" bemerkt: „Im weiteren Sinne, also auch Rechte,"

---

[29]) Bornemann, System des preußischen Civilrechtes Bd. IV S. 272. Koch, Lehrbuch des preußischen Privatrechts III. Aufl. §. 364.

[30]) Theorie und Praxis 3. Aufl. Bd. III S. 377.

[31]) Vergl. ALR. I, 20 §§. 6, 7, 8; §§. 37, 38 des Gesetzes über den Eigenthumserwerb u. s. w. vom 5. Mai 1872, welche die Klage aus Hypothek und Grundschuld als dingliche bezeichnen.

[32]) N. C. C. 1806—1810 S. 909.

[33]) Vergl. hierzu Gesetzes-Revisor, Pens. III S. 217.

[34]) Ueber diesen von der neueren Doktrin des preuß. Rechtes vertretenen Grundsatz siehe Förster, a. a. O. Bd. III S. 29 sq. S. 136—138.

[35]) Kommentar zu diesem §. Note 100[a].

und als Beispiel hierfür gerade das Pfandrecht an Forderungen wählt. Sein Grund, daß dasselbe, wenn es zwischen einem Dritten und dem Berechtigten streitig ist, „gleichsam vindicirt werden kann," beweist nichts; denn jene sog. Vindication kann nach der Natur der Forderung und des Pfandrechtes an derselben nur auf den Anspruch auf Anerkennung des letzteren hinauslaufen.

Unberührt von unserer Streitfrage blieb das Pfandrecht an Forderungen nach den Grundsätzen des Handelsrechts. Die Vorschriften des A. D. H. G. B. betreffen nur die Verpfändung solcher Forderungen, welche in einer Urkunde verkörpert sind und in diesen den Grund ihrer Existenz haben. Vermöge der Charaktereigenthümlichkeit dieser sog. Handelspapiere als selbstständiger Werthträger erscheinen dieselben nach den Vorschriften des Handelsgesetzbuches über ihre Uebertragung mittelst Indossaments (Art. 301 und 303) Verfolgbarkeit, Amortisation (Art. 305) und Verpfändbarkeit (Art. 309) rechtlich als Objekte des Sachenrechts[36]). Dies gilt in gleicher Weise von den Inhaberpapieren, wie von den Orderpapieren. Entsprechend der Coincidenz des Rechts aus dem Papiere mit dem Rechte an dem Papiere kann das Pfandrecht an der Forderung, welche jene beurkunden, nur durch die Verpfändung der Urkunde bewirkt werden, so daß hier das Forderungspfand durch das Sachenpfand vermittelt wird.

Mit der Erkenntniß, daß das Forderungspfand — abgesehen von dem handelsrechtlichen — nicht nach den gewöhnlichen Grundsätzen des Sachenpfandrechts beurtheilt werden könne, machte sich in der gemeinrechtlichen Doktrin, besonders der jüngsten Zeit, die Ansicht geltend, dasselbe sei überhaupt kein wirkliches Pfandrecht. Oekonomisch verfolge es allerdings mit jenem den gleichen Zweck, juristisch aber sei dieses „sog. Pfandrecht an Forderungen" aus einer „durch die Zwecke des Pfandrechtes beschränkten, oder bedingten Cession" oder einer „eigenen Art der Succession" zu erklären. Diese Lehre gewann durch die Autorität[37]) ihrer Vertreter ein solches Ansehen, in Theorie

---

[36]) Vergl. hierüber Entsch. des Ober-Trib. bei Striethorst, Archiv Bd. 62 S. 218 sq. Hartmann, deutsches Wechselrecht S. 502. Wehli, Wesen des Wechsels 1867 S. 17.

[37]) Mühlenbruch, Cession S. 520; Huschke, a. a. O. S. 275.

und Praxis[38]), daß der Versuch Buchka's[39]), derselben entgegenzutreten, erfolglos blieb. So lehrt der namhafteste neuere Schriftsteller[40]) des gemeinen Pfandrechts: „Die Forderungs-Verpfändung läßt sich ihrer juristischen Form nach beschreiben (!) als eine eigene Species der Cession, bei welcher die Befugnisse des Cessionars den Zwecken des Pfandrechts gemäß beschränkt sind[41])." Würde Dernburg sich damit begnügt haben, seine Aeußerung nur als Beschreibung anzusehen, so bedürfte es keines näheren Eingehens auf dieselbe. Da ihm aber diese Erklärung die Grundlage zur Beurtheilung der aus der Forderungs-Verpfändung originirenden Rechtsverhältnisse darbietet, überdies auch für unser vaterländisch-preuß. Recht die gleiche Erklärung früher von Korte aufgestellt worden ist[42]), so bedarf es einer eingehenderen Prüfung, ob wirklich die Cessionsgrundsätze hier anwendbar[43]) oder ob nicht vielmehr diese gänzlich zu verbannen seien[44]). „Wenn man," sagt Windscheid, „die Verpfändung einer Forderung als eventuelle Cession bezeichnet hat, so steht dem entgegen, daß die

---

[38]) Puchta, Vorles. des heut. röm. Rechts Bd. I S. 436. Keller, Pandekten Bd. I §. 201. Pfeiffer, praktische Ausführungen Bd. VII S. 4, 13. Seuffert, Archiv Bd. II S. 279. Langen und Kori, Erörterungen prakt. Rechtsfragen S. 89.

[39]) A. a. O. S. 3 Note 1 und S. 40, 42.

[40]) Dernburg, Pfandrecht Bd. I S. 462.

[41]) Dernburg bedient sich denn auch in der weiteren Darstellung der bei der Cession gangbaren Terminologie. Ihm folgt neuerdings Eberhard, Verpfändung von Forderungen S. 13 sq. „Verpfändung einer Forderung", sagt er, „ist die Cession derselben zum Zwecke der Einräumung eines Pfandrechts an dem Objekt der Forderung." Noch weiter gehend, behauptet Exner, Kritik des Pfandrechtsbegriffes 1873 S. 134, 135: „Es giebt kein Pfandrecht (im wahren Sinne) an einer Forderung, wohl aber eine Verpfändung von Forderungen". Vergl. auch S. 3, 152. Also ein Rechtsgeschäft, das nicht bewirkt, was es erreichen will!

[42]) Arnsberger, Archiv Bd. V S. 180 sq. Korte's Ansicht, die Forderungsverpfändung sei als bedingte Cession aufzufassen, hat im preuß. Recht den Wortlaut des §. 290 I, 20 ALR. gegen sich.

[43]) Dagegen hat sich erklärt v. Vangerow, Pandekten Bd. I §. 368 Anm. 1; modificirt soll nach Mühlenbruch, a. a. O., die Cession hier Anwendung finden.

[44]) So Sohm in seiner trefflichen Darstellung der Lehre vom subpignus S. 43—46, 55. Ebenso Windscheid, Pandekten Bd. I §. 239 Note 10. Bremer, a. a. O. S. 207. Siehe auch für preuß. Recht Förster Bd. III §. 192 Note 42.

Cession darauf gerichtet ist, die cedirte Forderung zu einer eigenen des Cessionars zu machen, während die Intention der Verpfändung darauf geht, daß der Pfandgläubiger die Forderung als fremde für sich solle geltend machen dürfen." Der Gedanke, die Verpfändung einer Forderung als Cession zu charakterisiren, zeigt sich vollends als verfehlt, wenn man erwägt, daß die Cession das Objekt der Vermögenszuwendung nicht erst schafft, dieses vielmehr schon besteht[45]), während durch die Verpfändung der Pfandgläubiger ein neues, eben constituirtes Recht an der Forderung erhält; diese selbst bleibt, wie die verpfändete körperliche Sache im Vermögen des Verpfänders, der seinem Schuldner gegenüber nach wie vor der Berechtigte bleibt. Richtig bemerkt Sohm[46]): „Die Verpfändung einer Forderung für eine der mannigfaltigen causa cessionis erklären, ist eben so wenig möglich, wie wenn die Verpfändung einer Sache eine der causae der Eigenthumsübertragung sein sollte[47]). Wäre die Forderungs-Verpfändung Cession, so könnte der Pfandgläubiger das Eingetriebene ohne Weiteres als sein Eigen behalten und es wäre unerklärlich, was davon L. 18 princip. D. de pig. act. 13, 7 sagt: pignoris loco erit. Der Pfandgläubiger müßte dann nach seiner Befriedigung die Forderung dem Verpfänder zurückcediren und diesem ständen, wie jedem Cessionar, alle bis dahin dem Verpflichteten erwachsenen Einreden entgegen[48]). Von dem Cessionsstandpunkt aus bleibt völlig unerklärt die dem Verpfänder nach gemeinem Rechte unbestritten zustehende Befugniß, trotz der Pfandbestellung über die verpfändete Forderung weiter zu disponiren, sie cediren[49]) und weiter verpfänden zu dürfen[50]); eben so wenig würde endlich der Verpfänder, wie

---

45) Baehr, a. a. O. S. 397.

46) A. a. O. S. 46.

47) Ebenso Becker, Kritische Viertelj.-Schrift Bd. VI S. 481: „pignus nominis zur Cession oder bedingten Tradition machen, heißt sie zur Abart der fiducia machen".

48) Da nicht, wie nach pfandrechtlichen Grundsätzen die Aufhebung des Pfandrechtes ipso iure einträte, so bedürfte es der Rückübertragung der „cedirten" Forderung an den Verpfänder. Vergl. Trotschke, a. a. O. S. 89.

49) Trotschke S. 89, 90

50) Dernburg, a. a. O., läßt dies allerdings nicht zu; consequent, aber ohne Begründung. Richtiger Schmidt, Grundlehren der Cession Bd. I S. 132:

neuerlich mit Recht in der Praxis angenommen worden[51]), als legitimirt gelten dürfen, Rechtsgeschäfte seines Schuldners nach der stattgehabten Verpfändung mit der actio Pauliana anzufechten, da er ja durch die Cession aufgehört hätte, Gläubiger zu sein. Alle die materiellen Verschiedenheiten zwischen der Stellung des Cessionars und Pfandgläubigers verbieten die Cessionsauffassung; wenn in der Stellung des Pfandgläubigers dem Schuldner des Verpfänders gegenüber Analogieen mit derjenigen des Cessionars gegenüber dem debitor cessus sich zeigen, insofern der Pfandgläubiger, so wenig wie der Cessionar, vor der Fälligkeit des nomen klagen darf, der Forderungsverpflichtete jenem, wie diesem, die Einreden gegen seinen Gläubiger entgegensetzen darf, und endlich bis zu der erfolgten Denunciation durch den Pfandgläubiger der Schuldner mit dem Verpfänder giltig Rechtsgeschäfte über die Forderung abschließen kann, so erklärt sich dies aus dem allgemeinen Grundsatz der L. 3 princ. D. de pig. et hyp. 20, 1, wonach das vom Verpfänder constituirte Recht nicht weiter reichen kann, als sein eigenes, sowie aus der Rücksicht auf die bona fides des Schuldners, welcher unter den Schicksalen der Forderung nicht leiden soll. Richtig ist diese Auffassung im §. 2 der citirten preußischen Verordnung vom 9. December 1809 zum Ausdruck gebracht, sowie in der Bestimmung der §§. 297, 298 I, 20 ALR., welche letztere die Analogie in der Stellung des Schuldners des Verpfänders gegen den Pfandinhaber mit derjenigen des Cessus gegen den Cessionar dadurch motiviren, „daß die Rechte und Pflichten des Schuldners durch Verpfändungen, so wenig als durch Cessionen erschwert werden können." Wenn man gegenüber diesen Erwägungen die Cessionsgrundsätze wenigstens „pfandrechtlich modificirt[52])" gelten lassen will, so scheint in dem letzteren zaghaften Beisatze das Zuge-

„Man kann eine cedirte Forderung nicht mehr verpfänden, wohl aber eine verpfändete noch cediren, allerdings cum sua causa."

[51]) Vergl. die Entsch. bei Seuffert, Archiv Bd. XV, 6; ebenso wird die verpfändete Forderung beim Konkurs des Verpfänders zu dessen Konkursmasse gezogen, was ebenfalls bei der Cessionsanalogie nicht richtig wäre, siehe das. Bd. VIII, 213, während Bd. XIX, 145 wieder „Eigenthumsübertragung zum Zwecke der Pfandbestellung" angenommen ist.

[52]) Hiergegen Sohm, a. a. O. S. 46. Sintenis, Pfandrechtl. Streitfr. I S. 24 „als Widerspruch zwischen Zweck und Erfolg". Siehe auch Pfeiffer, Praktische Ausführungen Bd. VII S. 13.

ständniß enthalten, daß von jenen Grundlagen aus, das Princip unseres Institutes jedenfalls nicht gefunden werden könne[52a]).

Wozu nützen derartige Analogieen, wenn man einräumen muß, daß die Wirkungen beider Rechtsgeschäfte verschieden sind? — Wenn man gar die Verpfändung der Forderung als bedingte Cession hat erklären wollen[53]), so hätte consequent der Pfandgläubiger noch kein gegenwärtiges Recht, während doch die Quellen[54]) des gemeinen wie preußischen Rechtes unmittelbar aus der Pfandconvention die Klage entspringen lassen und dem Pfandgläubiger die Befugniß der Denunciation zur Wahrung seines Rechts unmittelbar einräumen, welche denn auch sofort ihre Wirkungen äußert[55]). Eine Bedingung aber aus den Worten der citirten L. 4 Cod.: si debitor is satis non fecerit, cui tu credidisti herzuleiten, ist um dessentwillen nicht begründet, weil jene, wie Sohm bereits bemerkt, nicht die Voraussetzung für das Entstehen des Pfandrechts, sondern wie dies in der formula der actio hypothecaria[56]) ausgedrückt ist, für die Geltendmachung desselben enthält. Dies spricht auch der §. 289 I, 20 ALR.[57]) in den Worten aus: „... unter eben den Umständen." So wenig wie die Auffassung der Aelteren, die dem Forderungs-Pfandgläubiger die actio hypothecaria einräumen, ist der eigenthümlichen Natur des Forderungspfandes durch die Erklärung mittelst Cession Genüge gethan. Welche Unklarheiten letztere erzeugt, beweist

---

52a) Von unserem Standpunkte aus kann die Frage, ob die Cessionsverbote auch die Verpfändung betreffen, gar nicht zur Erörterung kommen. Die allgemeinen Alienationsverbote schließen auch die Verpfändungen aus. L. ult. Cod. de rebus alienis non alienandis 4, 51.

53) Pfeiffer, a. a. O. pag. 4 das. ist Mühlenbruch's Ansicht, wie folgt, citirt: „Auch eine Forderung kann Gegenstand eines Pfandes sein, hierin liegt bedingte Cession, d. h. wenn debitor in mora". Ebenso das Ober-App.-Ger. Cassel bei Pfeiffer, S. 5 und eine neuere Entscheidung bei Seuffert, Bd. 26, 112; für das preuß. Recht nannten wir bereits Korte als Vertreter dieser Auffassung.

54) L. 20 D. de pig. et hyp. 20, 1. ALR. I, 20 §§. 281, 283. §. 2 Verord. v. 9. Decbr. 1809.

55) L. 4 Cod. quae res pignori 8, 17.

56) Siehe Keller, Römischer Civilprozeß 3. Aufl. S. 130. Vergl. Gai. II, 64 ut liceret creditori pignus vendere, si pecunia non solvatur; in diesem Sinne ist regelmäßig jedes Pfandrecht bedingt, nämlich durch die Fälligkeit der Pfandforderung und deren Nichtzahlung.

57) Auf diesen §. werden wir später genauer eingehen müssen.

folgender Passus in der Entscheidung bei Seuffert Archiv XV, 6: „Die Verpfändung einer Forderung geht erst dann in Cession über, wenn der Pfandgläubiger zur Geltendmachung der ihm verpfändeten Forderung schreitet." — Die Erkenntniß, daß das Pfandrecht an der Forderung ein dingliches nicht sein könne[58]), hat nun Exner dahin geführt, zu behaupten, das pignus nominis sei kein Pfandrecht im wahren Sinne[59]). Exner versucht die Einheit des römischen Pfandrechtsbegriffes durch den Satz zu gewinnen, daß alles Pfandrecht ein dingliches Recht sei, und zwar in re corporali; dies für das Forderungspfand zu begründen, knüpft er an den schon von Sintenis[60] und nach diesem von Schwarze[61]) und später etwas modificirt von Dernburg[62]) vorgetragenen Satz an, daß jede Verpfändung eines nomen gleichzeitig eine Verpfändung der res debita enthalte! „Es kann nicht in Abrede gestellt werden, sagt Sintenis, wenn man darnach fragt, was sich der gesunde Menschenverstand bei einer solchen Verpfändung denkt, daß jeder Pfandgläubiger den Gegenstand und die Ausübung des Forderungsrechtes vor Augen habe;" weiter fährt er fort: „Offenbar ist aber nach dem Gegenstande des Forderungsrechtes ein Unterschied zu machen; besteht er in einer nicht fungiblen Sache, so kann nur angenommen werden, daß die Sache in der Beschaffenheit, wie der Verpfänder ein Recht darauf hatte, folglich mit diesem, m. a. W. als res debita verpfändet sein solle. Gerade das Umgekehrte findet mit fungiblen Sachen statt ... hier ist nur etwas in der Vorstellung Beruhendes verpfändet." Charakteristisch ist dann die Aeußerung Schwarze's: „Ohne derartige Suppositionen läßt sich, da ohnedem der strenge Begriff des Pfandrechtes nicht recht (!) mit der Verpfändung der nomina harmonirt, der Begriff der letzteren nicht retten;" und Dernburg äußert sich wie folgt: „In jeder Verpfändung einer Forderung liegt zugleich eine, den Erwerb des ge-

---

[58]) Dies gegen Bremer und Windscheid, denn die in dem dinglichen Rechte begrifflich enthaltene unmittelbare rechtliche Herrschaft ist an dem unkörperlichen Objekt der Forderung nicht denkbar. Vergl. statt Anderer Eberhard, a. a. O. S. 10—12; Exner, S. 22.

[59]) Exner, a. a. O. S. 135.

[60]) Handb. d. Pfandrechts S. 140, 141.

[61]) In einem sehr klar geschriebenen Aufsatz in der sächsischen Zeitschrift für Rechtspflege Bd. 5 S. 58 sq.

[62]) A. a. O. S. 468.

schuldeten Objekts anticipirende Verpfändung." Wäre dies richtig, so müßte — und Dernburg nimmt dies auch an[63]) — das Recht des Forderungspfandgläubigers nicht nur, wenn er selbst die Forderung eintreibt, sondern auch, wenn an einen Dritten die res debita geleistet wird, an dieser fortdauern. Während die eben genannten Schriftsteller diese in der Forderungsverpfändung der res debita auf die vermuthliche Absicht der Contrahenten zurückführen, gilt dieselbe Exner als das juristisch einzig denkbare. „Was wir Verpfändung der Forderung nennen," sagt er[64]), „ist ein öconomisch sehr einfaches, juristisch aber sehr complicirtes Geschäft. Es setzt sich zusammen aus zwei innerlich verschiedenen Elementen, das erste ist dinglicher Natur..., das in pendenti befindliche Pfandrecht des Gläubigers hinsichtlich der vom Schuldner kraft seiner Forderung zu erwerbenden Sache. Das letztere dagegen ist ein obligationenrechtliches Verhältniß zwischen den in Frage stehenden drei Personen, analog demjenigen, wie es durch jede gewöhnliche Cession zwischen dem Cessionar einerseits und dem Cedenten und Cessus andererseits begründet wird ...; die Rechtstellung des Cessionars aus solcher Cession pignoris causa ist durch diese causa gegeben und eigenthümlich begrenzt . . . jenes Innehaben der Forderung bildet zum künftigen Sachenpfande das adminiculirende Verhältniß." „Es giebt", so schließt er, „kein Pfandrecht an einer Forderung, die Obligation ist wohl Unterlage des Verpfändungsgeschäfts, nicht aber Gegenstand des Pfandrechts gewesen." So verdienstvoll die Exnersche Entwickelung in ihrer Opposition gegen den speculativen, quellenmäßig nicht begründeten Versuch Bremer's, alles Pfandrecht als dingliches Recht an einem Rechte darzustellen, geworden, so geht doch Exner, indem er das Pfandrecht an Rechten negirt und solches stets auf das Sachenpfand zurückführt, nach der andern Seite zu weit. Für das Forderungspfand wenigstens ist seine Auffassung gewiß unbegründet. Die Hauptstelle unserer Lehre, die mehrfach citirte L. 4 Cod. quae res pign. 8, 17 erklärt in den Worten: Quare si debitor is satis non facit cui tu credidisti, ille, cuius nomen tibi pignori datum est, (nisi ei, cui debuit, solvit, nondum certior a te de obligatione tua factus)

[63]) Allerdings bei der Entscheidung der einzelnen Fragen hält er dies, wie sich unten zeigen wird, keineswegs aufrecht.

[64]) A. a. O. S. 134.

utilibus actionibus satis tibi facere . . debet, die Fortdauer des Rechtes des Forderungspfandgläubigers davon abhängig, daß das Objekt seines Rechtes, das nomen, ungetilgt besteht zur Zeit, da er jenes zu realisiren befugt ist. Dasselbe sich zu erhalten, dient ihm die Denunciation an den Schuldner des Verpfänders, welche diesen verhindert, rechtswirksam an einen Anderen als an ihn zu leisten. Enthielte das pignus nominis wirklich implicite ein pignus in re corporali (sc. re debita), so könnte der Gläubiger der Denunciation entrathen, da er vermöge der Dinglichkeit seines Rechtes das an den Verpfänder oder einen Dritten minder Berechtigten geleistete Objekt an sich ziehen könnte, und gegen jede, sein Recht beeinträchtigende Disposition Seitens des Verpfänders nach dem Grundsatze geschützt wäre, welchen L. 15 Cod. de pig. et hyp. 8, 14[65]) ausspricht: Debitorem neque vendentem, neque donantem, neque legantem vel per fideicommissum relinquentem posse deteniorem facere creditoris conditionem certissimum est. Eben weil nur die Forderung das Objekt der Pfandberechtigung ist, und der Pfandgläubiger, so lange sein Recht besteht, an dem Objekte der Forderung noch keinerlei Recht hat, bedarf er der Denunciation, deren Doppelwirkung für ihn darin liegt, ihn gegen jede Einwirkung auf das verpfändete nomen Seitens des Verpfänders zu schützen, und die Eintreibung der Forderung durch einen Anderen als ihn unmöglich zu machen. Erst dann, wenn er die Leistung empfangen, erwirbt er an dem Objekte ein Recht[66]) unmitelbar. Klar und bestimmt geht dies aus den Worten der L. 18 pr. D. de pig. act. 13 7 hervor . . . exactam pecuniam tecum pensabis . . . id quod acceperis erit tibi pignoris loco[67]). Wenn nun Sintenis und Dernburg meinen, die Absicht der Contrahenten sei bei der Forderungsverpfändung auf die res debita gerichtet[68]), so wird der Jurist, wenn solche Absicht

---

[65]) Vergl. noch L. 3 D. de manum 40, 1; L. 3 D. de religiosis 11, 7.

[66]) Die Frage, was dies für ein Recht sei, wird später näher erörtert werden.

[67]) Damit wörtlich übereinstimmend L. 13 §. 2 D. 20, 1: exacta ea creditorem secum pensaturum.

[68]) Gegen diese Ansicht erklärt sich auch Windscheid, Pandekten Bd. I §. 239 Note 12, dem diese Erklärung nicht für das gesetzliche Pfandrecht genügt; Exner, a. a. O. S. 137, macht gegen dieselbe geltend, es seien nach dieser Ansicht 2 verschiedene Objekte im Pfandnexus, primär die Forderung, sekundär ihr Objekt.

erweislich ist, jenes Geschäft nicht als Forderungsverpfändung, sondern als Sachverpfändung ansehen; diese begründet ein unfertiges Recht, ein Recht an einer res aliena; jene ein wirksames Recht an einer bereits in des Verpfänders Vermögen befindlichen res incorporalis, der Forderung. Dies sind also verschiedene Geschäfte[69]). Jene Ansicht scheint also nicht genügend zu würdigen, daß im Rechtsverkehr die Forderung etwas ganz Anderes ist, als die vermöge derselben geschuldete Sache.

Der juristische Inhalt des nomen ist aber auch nicht die einzelne Sache, sondern der Anspruch auf das dare (geben), facere, praestare, die actio, gerichtet auf id quod interest, das quidquid promissor dare facere oportet[70]). Si nomen quis legaverit, heißt es in L. 59 D. de leg. III, id quod in actionibus est, legatum intelligitur, was noch durch die Worte der L. 44 §. 6 D. de leg. III illustrirt wird: sed etsi nomen legetur, benigne id quod debetur accipiendum est, wonach es also einer aus dem bekanten favor testamentorum entspringenden benigna interpretatio bedarf, um in der legirten Forderung die res debita als legata inbegriffen gelten zu lassen, während sonst es heißt: minus est actionem habere, quam rem[71]). So stellt auch die L. 1 Cod. de pign. praet. 8, 22 die actiones den res mobiles, immobiles und se moventes selbstständig als Objekt des richterlichen Pfandes gegenüber; ebenso wird in L. 15 §. 10 D. de re jud. 42, 1 das pignus am nomen von den pignora corporalia unterschieden und Gajus III §. 83 zählt neben den res incorporales, zu welchen nach II §. 15 die obligationes gehören, — und den res corporales, die res debita besonders auf[72]).

Nirgends finden wir aber eine Andeutung, daß das Forderungspfand als „uneigentliches" oder eventuelles an der res debita auf-

---

[69]) Siehe Trotsche, a. a. O. S. 117. Langen und Kori, a. a. O. S. 89 „Pfandrecht an einem nomen, von welchem die Verpfändung der res debita wohl zu unterscheiden". Vergl. Pfeiffer, Praktische Ausführungen Bd. VII S. 10.

[70]) §. 7 Inst. de verb. obl. L. 68, 72 pr. D. cod. 45, 1. Brissonius, sub voce: nomen.

[71]) L. 204 D. de reg. iur. 50, 17. Daß actio in den Quellen mit nomen oft identificirt wird, darüber Delbrück, Uebernahme fremder Schulden S. 13. Mit uns übereinstimmend Pfaff: Geld als Mittel pfandrechtlicher Sicherstellung 1868 S. 12, 14. Siehe auch Note 76. Baehr, a. a. O. S. 374, 397.

[72]) Brinz, Pandekten Bd. I S. 363.

zufassen sei; hätten dies die römischen Juristen geglaubt, so würden sie dies so gewiß bemerkt haben, wie sie es bei dem ususfructus an Forderungen thun, welcher ihnen kein verus, sondern ein quasi ususfructus ist[73]). Lösen wir die bei der gegnerischen Ansicht ununterschiedenen Geschäfte auf, so gruppiren sich dieselben, wie folgt:

1. Der Schuldner verpfändet eine Sache, welche er einem Dritten geliehen, oder bei diesem deponirt hat; hier liegt nach unserer Auffassung regelmäßig nicht die Verpfändung der Forderung auf Rückleistung, sondern einer res propria des Schuldners mit den Wirkungen des gewöhnlichen Sachpfandrechtes vor. Anderer Ansicht ist Exner[74]), welcher als Beispiel für die Constituirung des Forderungspfandes die Verpfändung eines Depotscheines über einen in einem Lagerhause deponirten Waarenballen anführt. Daß in einem solchen Falle die römischen Juristen nie an eine Forderungsverpfändung denken, erhellt aus den Entscheidungen der L. 3 §. 1 D. qui pot. 20, 4 und L. 15 §. 11 und 12 D. de re iud. 42, 1[75]). Ulpian erwähnt hier die Geldsumme, welche der Schuldner beim Banquier deponirt hat, als Pfandobjekt im Gegensatz zu dem nomen, von dem er im §. 10 gesprochen.

2. Mit Recht sagt Huschke[76]): „Wenn eine fremde, dem Verpfänder geschuldete Sache, die iu specie bestimmt war, verpfändet wurde, liegt keine Verpfändung einer Forderung vor." Dies lehrt uns die L. 2 Cod. quae res pign. 8, 17: non dubitamus eum, qui emtiones agrorum suorum pignori posuit, de ipsis agris obligandis cogitasse.

Hat dagegen

3. Der Schuldner von einem Dritten Geld oder ein sonstiges genus zu fordern und er räumt diesen Anspruch seinem Gläubiger pignoris modo zur Befriedigung ein, dann liegt eine Forderungs-

---

[73]) L. 2. 3. D. de usufr. earum rerum 7, 5.

[74]) Exner, a. a. O. S. 136.

[75]) Vergl. L. 15 D. de reg. iur. 50, 17. Beistimmend unserer Ansicht Schmidt, Cession Bd. I S. 124. Vergl. auch die cit. Entsch. d. Geh. Ob.-Trib. bei Striethorst, Bd. XIX S. 310.

[76]) A. a. O. §. 6 Note o; siehe auch d. Fall das. S. 231. Vergl. d. Schluß uns. Einleitung.

verpfändung vor[77]). — Die Anerkennung dieses Rechtes kann der Pfandgläubiger nicht blos gegen seinen Schuldner, sondern auch gegen den Schuldner der verpfändeten Forderung, beziehungsweise gegen Jeden geltend machen, welcher an der ihm zum Pfand bestellten Forderung, sei es in Folge späterer Cession, sei es wegen einer behaupteten Priorität ein Recht beansprucht[78]). Hieraus kann man nicht mit Bremer[79]) auf die Dinglichkeit des Forderungspfandes zurückschließen; denn auch die hereditatis petitio gewähren die römischen Juristen in dem Falle, wenn der debitor hereditarius dem heres Zahlung aus dem Grunde verweigert, weil er sein Erbrecht bestreitet[80]), ohne daß deswegen das Erbrecht ein dingliches Recht und die hereditatis petitio eine dingliche Klage ist[81]).

Können uns nach alledem die Versuche zur Erklärung der Natur des Forderungspfandes nicht befriedigen, und müssen wir es als gegen den Begriff der Dinglichkeit verstoßend bezeichnen, dem Forderungspfand einen dinglichen Charakter beizulegen, so behaupten wir dennoch, daß dasselbe ein wahres Pfandrecht sei; es entspricht allen Kriterien dieses Begriffes, indem es dem Gläubiger die Befugniß verleiht, sich aus dem Vermögen des Verpfänders zur Sicherung einer Forderung unabhängig von dessen Person Befriedigung zu verschaffen. Hierin liegt der einzige Inhalt alles Pfandrechts, mögen auch die Art der Wirksamkeit desselben und die Mitel zu dessen Ausübung

---

77) Pfeiffer, Prakt. Ausführungen Bd. I S. 4: „Die Gesetze betrachten, heißt es dort richtig, als Gegenstand des Pfandrechtes nicht das Objekt der Forderung, die Sache oder Geldsumme, welche der Uebertragende zu fordern hat, sondern lediglich die Klage . . .“.

78) Dies erkennt im Anschluß an die in neuerer Zeit mehr und mehr anerkannte Praxis, Klagen auf Anerkennung der Berechtigung aus Obligationen unter mehreren Prätendenten zuzulassen, die Entscheidung bei Seuffert, Archiv Bd. VIII, 18 an; vergl. Entscheidungen des ROHG. Bd. V No. 19, Seuffert, Archiv Bd. XIII No. 19 und die dort angeführten Entscheidungen.

79) Es ist dies dieselbe Ansicht wie die oben erwähnte von Koch, Kommentar zu §. 126 I, 2 ALR.

80) L. 42 D. de hered. pet. 5, 3.

81) Baehr, a. a. O. S. 485, 486 nennt die Klage unter mehreren Forderungs-Prätendenten eine quasi dingliche; ihm folgt Dernburg, preuß. Privatrecht Bd. I, 800 §. 361. Römisch rechtlich ist dies so wenig, wie aus dem preuß. Recht zu begründen.

variiren nach der Natur der verpfändeten Rechtsobjekte. Dieser von Sohm[82]) in seiner Entwickelung der Lehre vom subpignus ausgesprochene Satz, trifft unseres Erachtens allein das Wahre: Das Pfandrecht kann also der Natur seines Objektes entsprechend an der Forderung nur ein persönliches Recht sein.

Auf der so gewonnenen Grundlage wollen wir nunmehr in Folgendem die einzelnen Fragen unseres Institutes erörtern.

Anlangend zunächst die Bestellung des Forderungspfandes, so gilt hier nach gemeinem Recht etwas Besonderes nicht; es genügt bloßer Vertrag, nomen et generaliter et specialiter pignorari posse placuit wie es in L. 4 Cod. cit. 8, 17 heißt: speciell oder generell, ausdrücklich oder durch concludente Handlungen kann die Verpfändung geschehen[83]). Auch bedarf es zur Perfektion des Rechtsgeschäftes weder der Zuziehung des Schuldners[84]), noch, wie früher angenommen wurde[85]), der Denunciation an denselben. Wenn ältere Juristen[86]), und im Anschluß an diese bisweilen die Praxis[87]) hier zwischen hypotheca und pignus einen Unterschied gelten lassen wollen, je nachdem die Uebergabe des Schulddokumentes erfolgt war oder nicht, so enthält dies vom Standpunkt des römischen Rechts, wie bereits Huschke und Dernburg hervorhoben, eine Verwechslung

---

[82]) A. a. O. S. 8, 47, 52; Bruns bei Holtzendorff, Encyklopädie der Rechtswissenschaft Bd. I S. 375 und Förster, Theorie und Praxis Bd. III S. 397. Daß die Auffassung Dernburg's und Exner's für das preuß. Recht zurückzuweisen ist, sei hier kurz angedeutet, denn nach §§. 113, 114 I, 20 ALR. können künftige Sachen — als solche sehen die genannten Schriftsteller die res debita ja an — nur derartig verpfändet werden, daß diejenige Sache, aus welcher jene entstehen sollen, bis zu ihrer Entstehung in die körperliche Gewahrsam des Gläubigers gegeben wird. Es kennt also das preuß. Recht, wie Förster, a. a. O. §. 192 Note 35, aus den citirten §§. richtig folgert, nur eine Verpfändung künftiger Früchte, als welche doch nimmer die res debita im Verhältniß zur Forderung angesehen werden kann.

[83]) Z. B. durch Tradition des Schuldscheins; vergl. L. 59 D. de legatis (III).

[84]) L. 3 Cod. de her. vel act. vend. 4, 39.

[85]) So Huschke, Mühlenbruch und neuerlich wieder Eberhard, a. a. O. S. 10.

[86]) Siehe die bei Huschke, a. a. O. §. 7 Note a citirten; neuerdings wiederum Bremer, S. 136.

[87]) Bei Pfeiffer, Praktische Ausführungen Bd. VII S. 9.

zwischen der Forderung, die nicht besessen werden kann[88]), und dem Beweisdokumente für dieselbe. Daß die Quellen stets vom pignus und nie von hypotheca nominis sprechen, will Nichts bedeuten, wenn man beachtet, was L. 1 pr. D. de pign. act. 13, 7 sagt, daß nämlich ein pignus auch nuda conventione bestellt wird, etsi non traditum est.

Einen Accent auf jenen Sprachgebrauch zu legen, verbietet auch der bekannte Quellensatz[89]): inter pignus et hypothecam tantum nominis sonus differt; die Uebergabe der Schuldurkunde dient nach gemeinem Recht lediglich zur Erleichterung des Legitimationsbeweises, ohne daß ein rechtlicher Anspruch des Pfandgläubigers auf dieselbe anerkannt ist.

Das Allgemeine Landrecht hatte hinsichtlich der Form der Pfandbestellung nicht das laxe System des römischen Rechts adoptirt. Auf germanischer Grundlage ruhend, fordert es im Interesse eines gesicherten Credites bei unbeweglichen körperlichen Sachen die Eintragung in die öffentlichen Bücher, zur Verpfändung von beweglichen, die Uebertragung des Besitzes an denselben. Damit schienen diejenigen Objekte von der Verpfändung ausgeschlossen, an denen eine derartige Bestellungsart und die durch diese erstrebte Erkennbarkeit des Pfandrechtes für Dritte, sowie die Behinderung des Verpfänders in der Disposition über die Pfandsache nicht möglich war. In dieser Beziehung erwies sich die zur Zeit der Redaktion des ALR. im gemeinen Recht herrschende, durch mißverständliche Auslegung der römischen Rechtsquellen unterstützte Idee der Verpfändung mittelst sog. symbolischer Uebergabe folgenreich. In der Deklaration vom 16. Juli 1785 war dieselbe, außer für andere Gegenstände, „deren Natur keine eigentliche körperliche Uebergabe zuließ[90]),“ auch für die Verpfändung von Aktivforderungen anerkannt und wurde von da in das ALR. hinübergenommen[91]). Sieht man von der schiefen Be-

---

[88]) Gaius II §. 28. L. 43 §. 1 D. de acq. rer. dom. 41, 1.

[89]) L. 5 §. 1 D. de pig. et hyp. 20, 1.

[90]) ALR. §. 270 sq. I, 20.

[91]) Suarez, Schlußvorträge in den Jahrbüchern für preuß. Gesetzgebung Heft 81 S. 60. Von den zeitgenössischen Schriftstellern vertrat für das gemeine Recht Westphal, Pfandrecht des römischen Rechts 1770 §. 141 Note 165, die Auffassung der sog. symbolischen Verpfändung in der Verpfändung von Forderungen.

zeichnung „symbolische Verpfändung“ ab, so wird man die unter derselben zusammengefaßten Vorschriften des ALR. bezüglich der Constituirung eines Pfandrechts an Forderungen gewiß billigen müssen; durch dieselben ist auch für die letzteren diejenige Sicherheit der Verpfändung geschaffen, welche ihre Verwerthbarkeit für die Zwecke des Realkredites in höherem Maße garantirt, als dies nach den Vorschriften des gemeinen Rechtes der Fall ist. Von den Erfordernissen der vertragsmäßigen Entstehung des Pfandrechts an Mobilien[92]),

1. Vereinbarung über die Verpfändung,
2. Uebertragung des Besitzes auf den Gläubiger,

unterliegt das erstere allgemeinen Grundsätzen[93]), wogegen in Ansehung der Besitzübertragung das ALR. unterscheidet, ob über die zu verpfändende Forderung ein Instrument vorhanden ist oder nicht. Im ersteren Falle bedarf es der schriftlichen Erklärung[94]) in einer (besonderen) Urkunde[95]), deren Ausantwortung an den Pfandgläubiger, sowie der Uebergabe des Schulddokumentes an denselben[96]). Der Denunciation an den Schuldner bedarf es hier nach preußischem Recht[97]), eben so wenig wie nach gemeinem Rechte zur Perfektion des Rechtsgeschäftes. Die Uebergabe des Schulddokumentes fällt mit den nach §. 274 ALR. I, 20 erforderten Maßnahmen zusammen, aus denen jeder Dritte — ohne eigenes grobes Versehen — in der Lage sein soll, die eingetretene Beschränkung des Verpfänders in der Verfügung über das Pfandstück zu entnehmen. Hierdurch unterscheidet sich auch formell die Verpfändung verbriefter Forderungen bei uns von der Cession derselben, deren Giltigkeit nicht durch die Uebergabe der Schuldurkunde bedingt ist[98]). Daraus, daß im Uebrigen der §. 1 der Verordnung vom 9. December 1809 die Verpfändung der Forderung in Ansehung der Form mit der Cession gleichstellt, hat das

---

[92]) Dazu gehören nach §. 7 ALR. I, 2 Rechte, also auch Forderungen.

[93]) §§. 93—103 I, 20 ALR. Siehe Entsch. des ROHG. Bd. III S. 154, 155.

[94]) §§. 273, 281 ALR. I, 20 u. Verord. v. 9. Dcbr. 1809 §. 1 unter Verweisung auf die Vorschriften der §§. 394 sq. I, 11 ALR. von der Cession.

[95]) Entweder im Pfandvertrage selbst oder in einer besonderen Urkunde.

[96]) Striethorst, Archiv Bd. XXXVI S. 41.

[97]) §. 283 I, 20 ALR., ausgenommen S. 284 bei der Mitverpfändung der Zinsen.

[98]) Förster, a. a. O. Bd. I §. 99 Note 80. Gruchot, Beiträge zur Erl. d. preuß. R. Bd. XVI S. 459.

Ober=Tribunal[99]) gefolgert, daß dem Erforderniß der Schriftlichkeit hier genügt ist, wenn das Dokument dem Pfandgläubiger mit der zum Zeichen der Verpfändung darunter gesetzten Namensunterschrift des Verpfänders ausgehändigt worden ist. Soll nur ein Theil der Forderung verpfändet worden, so erhält der Pfandgläubiger ein Zweigdokument und das Originalinstrument, auf welches der Vermerk der Theilverpfändung zu setzen, behält der Verpfänder[100]).

In Betreff derjenigen Forderungen, über welche kein Dokument vorhanden, hat nun der § 288 I, 20 ALR. Zweifel veranlaßt, ob es auch hier der schriftlichen Erklärung bedürfe, oder ob die daselbst vorgeschriebene Bekanntmachung an den Schuldner allein genüge. Die Judikatur hat sich unseres Wissens hierüber nicht ausgesprochen; Koch[101]) will die allgemeine Regel über die Form der Verträge entscheiden lassen; wie Förster hierüber denkt, läßt sich aus seiner kurzen Bemerkung nicht entnehmen[102]). Denken wir daran, daß die Vorschriften des ALR. in allen Fällen der sog. symbolischen Verpfändung den doppelten Zweck verfolgen, die Beurkundung des Willens des Verpfänders durch eine bestimmte Form zu sichern (§. 273 I, 20 ALR.) und die Beschränkung des Verpfänders durch bestimmte Maßregeln Dritten kenntlich zu machen (§. 274 I, 20 ALR.), so werden wir mit den Gesetzrevisoren[103]) auch bei nicht verbrieften Forderungen die schriftliche Erklärung fordern müssen. Die im citirten §. 288 vorgeschriebene Bekanntmachung an den Schuldner bildet das der Uebergabe der Urkunden bei verbrieften Forderungen entsprechende Moment der Perfektion des Rechtsgeschäftes[104]), während die schriftliche Erklärung in beiden Fällen einen Bestandtheil der Besitzesübertragung quasi traditio, ausmacht[105]). Die Bekanntmachung muß, obwohl das Gesetz dieses nur im Falle des §. 284 bei der Mitver=

---

[99]) In der bei Note 96 citirten Entsch.

[100]) §. 399 I, 11 ALR. Dernburg, preuß. Priv.=R. Bd. I S. 800.

[101]) Kommentar zu §. 288 I, 20 ALR. Note 80.

[102]) Theorie und Praxis Bd. III S. 452.

[103]) Gesetzes=Revisor=Pensum III S. 405; vergl. Rönne, Ergänzungen der preuß. Rechtsbücher 6. Aufl. S. 387 zu §. 288 I, 20 ALR.

[104]) Gleicher Ansicht Dernburg, Preuß. Priv.=R. Bd. I S. 800.

[105]) Entsch. des ROHG. Bd. III S. 157.

pfändung der Zinsen ausdrücklich sagt, von dem Verpfänder ausgehen.

Gleich unserem vaterländischen Gesetzbuch hat das Allgemeine Deutsche Handelsgesetzbuch das von ihm geschaffene kaufmännische Pfandrecht an Mobilien im Anschluß an die germanischen Grundsätze der Kundbarkeit und Specialität nur in Gestalt des Faustpfandes anerkannt[106]). Ein eigenes System enthält dasselbe bezüglich der Verpfändung ausstehender Forderungen nur für die in Ordrepapieren verkörperten, während es sonst in dem Rahmen der Landesrechte geblieben ist. Hiernach bleiben, wenn es sich um die Verpfändung einer auf den Namen des Gläubigers gestellten, nicht durch Indossament übertragenen Forderung handelt, selbst wenn die Pfandbestellung ein Handelsgeschäft ist, abgesehen von dem Pfandvertrage, der dann nach Artikel 317 HGB. an eine Form nicht gebunden ist, die in dem bürgerlichen Rechte vorgeschriebenen Förmlichkeiten maßgebend[107]). Aber auch die für die Bestellung des Pfandes und dessen Realisirung in Art. 309—311 HGB. getroffenen Bestimmungen gelten nicht für jedes Handelspfand, sondern nur für die unter Kaufleuten für Forderungen aus beiderseitigen Handelsgeschäften bestellten Faustpfänder[108]), so daß diejenigen Fälle, in welchen diese Voraussetzungen nicht zutreffen, nicht durch das HGB. normirt und ebenfalls nach allgemeinem bürgerlichem Recht zu beurtheilen sind. Außer der einfachen[109]) Vereinbarung[110]) erfordert der Art. 309 die Uebergabe

---

[106]) Goldschmidt, Handbuch des Hand.-R. Bd. I Abth. 2 S. 881, Laband, Zeitschrift für d. gesammte Hand.-R. Bd. IX S. 226 sq.

[107]) Laband, a. a. O. S. 245. Entsch. des ROHG. Bd. III S. 157. Gruchot, Beiträge zur Erläuterung des pr. Rechts Bd. XIII S. 458, 459.

[108]) Da es bei unserer Aufgabe nur auf die Eigenthümlichkeiten der Forderungs-Verpfändung ankommt, so gehen wir auf diese allgemeinen Voraussetzungen des kaufmännischen Pfandrechtes nicht näher ein, s. darüber Goldschmidt, S 895, Laband, S. 228—230.

[109]) D. h. mündlich, stillschweigend, oder schriftlich. Letztere Form bietet nur die Vortheile des Art. 310. Ueber die schriftliche Vereinbarung außergerichtl. Befriedigung s. Art. 311. HGB.

[110]) Wann diese vorhanden, ist quaestio facti; da bei den Voraussetzungen des Art. 309 der Pfandvertrag nach Art. 273 Abs. 1 als Handelsgeschäft anzusehen, so sind für die Form und die Wirkungen desselben Art. 278, 279, 282, 283, 317

des indossirten Papieres. Da nun nach Art. 303 HGB. (ebenso Art. 10 der DWO.) das Indossament bewirkt, daß alle Rechte aus der Urkunde auf den Indossatar übergehen, so tritt uns bei der Pfandbestellung an indossablen Papieren die gleiche Erscheinung entgegen, wie bei der fiducia des altrömischen Civilrechts; der Pfandgläubiger wird Eigenthümer der Pfandsache und der Verpfänder behält gegen ihn nur den persönlichen Anspruch nach Inhalt des Pfandvertrages[111]); in Beziehung auf die Form des Pfandindossamentes enthält das HGB. keine besondere Bestimmung; dieselbe ist daher in Gemäßheit des Art. 305 nach Vorschrift der Art. 11 und 12 WO. zu beurtheilen. Da das Giro dem Gläubiger nur die Befugniß der Realisirung des in dem Papiere verkörperten Rechtes gewähren soll, so braucht dasselbe nicht direkt von dem Pfandbesteller auf den Pfandgläubiger ausgestellt zu sein; es genügt auch Blanco-Giro und ist dies im kaufmännischen Verkehr, besonders bei der Verpfändung von Wechseln üblich, damit nach erfolgter Befriedigung der Pfandgläubiger diesen einfach zurückgebe. In Anerkennung dessen spricht der Art. 309 al. 2 sub. 2 nicht von Indossirung und Uebergabe, sondern nur von „Uebergabe des indossirten Papiers[112])." Darf das Indossament einen auf die Stellung des Indossatars als nur Pfandberechtigten hindeutenden Zusatz z. B. „zum Depot," „als Pfand" enthalten? Daß ein solcher nicht nothwendig, erhellt aus dem HGB.; ist aber ein solcher beigefügt, so soll eine giltige Verpfändung im Sinne des HGB. nach Laband dadurch ausgeschlossen sein und die Verpfändung höchstens als nach bürgerlichem Rechte giltige angesehen werden können. Dagegen meint Renaud, ein solcher Zusatz sei einfach als nicht beigeschrieben anzusehen[113]) und die an sich giltige Verpfändung könne durch jenen nicht berührt werden. Laband beruft sich für seine Ansicht darauf, daß das HGB. hinsichtlich der Form des Indossamentes

---

entscheidend; es ist zu beachten, worauf Goldschmidt, S. 892, hinweist, daß der direkte Ausdruck „verpfänden" im Handel gar nicht üblich ist, Anschütz und v. Völderndorff, Kommentar zu ADHGB. Bd. III S. 171.

[111]) Goldschmidt, a. a. O. S. 895 Note 35. v. Hahn, Kommentar zum DHGB. Bd. II S. 112 Note 1.

[112]) Laband, a. a. O. S. 246 sq., Hahn, a. a. O. S. 112.

[113]) Renaud, Lehrbuch des ADWR. 3. Aufl. §. 54 S. 179; auch Goldschmidt, S. 894 Note 43, widerspricht Laband.

und der Legitimation des Inhabers ausdrücklich nur die Bestimmungen der WO. und die Vorschriften derselben für das Eigenthumsindossament auf die in Art. 301, 302 genannten Orderpapiere für anwendbar erklärt hat. Dasselbe solle den Gläubiger in die Lage versetzen, über das Pfand zu verfügen, ihn Dritten gegenüber als rechtmäßigen Inhaber zu legitimiren. Diese Wirkung aber würde durch jenen Zusatz aufgehoben. Wenn Laband für seine Ansicht sich auf eine Entscheidung des Geh. Ob.-Trib. zu Berlin vom 12. Juni 1858 stützt, so ist dagegen einzuwenden, daß jenes die vorliegende Formfrage gar nicht berührt[114]). Es kann derselben aber nicht beigepflichtet werden, weil damit dem Indossamente über die gesetzlichen Vorschriften hinaus der Charakter des Formalaktes aufgeprägt würde, auch entspricht die entgegengesetzte Ansicht dem Grundsatz: utile non vitiatur per inutile. — Die Formvorschrift des Art. 309 ist nicht derartig absolut, daß dadurch die Verpfändung des Ordrepapieres resp. der aus demselben originirenden Forderung in den Formen des Civilrechtes ausgeschlossen wäre. Dies ist außer in den Worten „es genügt“ in dem gedachten Artikel noch besonders im Art. 312 Abs. 2 anerkannt: „Durch die vorhergehenden Artikel ist nicht ausgeschlossen, daß die Bestellung ... von Faustpfändern unter Kaufleuten für Forderungen aus Handelsgeschäften rechtsgiltig geschehen kann, wenn dabei die in den einzelnen Staaten für die Bestellung ... geltenden Vorschriften beobachtet werden.“ Nach preußischem Recht würde dann zur giltigen Verpfändung außer der Uebergabe des Papiers noch die Uebergabe einer besonderen Verpfändungsurkunde erforderlich sein; nach gemeinem Rechte ist zwar, wie früher ausgeführt, zur Forderungsverpfändung die Uebergabe des Dokumentes nicht erforderlich, indeß, wenn es sich um die Verpfändung des Ordrepapieres handelt, wird auch gemeinrechtlich die Uebergabe des letzteren von Nöthen sein, da die Ausübung des Rechts aus dem Ordrepapiere ohne den Besitz desselben nicht möglich ist. Es muß daher Anschütz gegen v. Hahn beigepflichtet werden[115]), wenn dieser meint, „ob das (nicht indossirte) Papier übertragen ist oder nicht, hat auf das Rechtsgeschäft der Ver-

---

[114]) Siehe Borchard die ADWO. V. Aufl. Zus. 632[b] S. 432.

[115]) Anschütz, a. a. O. zu Art. 301 S. 117. v. Hahn, a. a. O. zu Art. 309 Anm. §. 3 S. 113.

pfändung keinen Einfluß; die Uebertragung sichert nur den Pfandgläubiger dagegen, daß der Pfandschuldner das Papier einem Anderen indossirt."

Nach Inhalt des Pfandvertrages darf der Gläubiger die ihm zustehenden Befugnisse erst wenn die pfandgesicherte Schuld fällig geworden und er nicht befriedigt worden, ausüben; gegen die hierin liegende Gefahr, sein Recht dadurch zu verlieren, daß vorher der aus der Pfandforderung Verpflichtete dem Verpfänder oder einem Rechtsnachfolger desselben erfüllt, bedarf er des Schutzes. Diesen bietet ihm die Befugniß, sofort[116]) jenem von der geschehenen Verpfändung Mittheilung zu machen mit der Wirkung, welche die Basiliken XXV, 5 cap. 23 (Heimbach III S. 82) in Ausführung der L. 4 Cod. cit. 8, 17 dahin ausdrücken: „si tamen postquam a te certior factus est, creditori suo solverit, nihilominus tibi tenetur[117])." Die Denunciation perficirt also nicht, wie früher angenommen wurde, die Verpfändung, noch bietet sie überhaupt dem Pfandgläubiger materiell, was er nicht schon hat; sie sichert sein Recht gegen Verfügungen des Verpfänders, welche dasselbe verändern oder aufheben könnten. Daher ist auch, worauf später näher einzugehen sein wird, nicht richtig, daß, wie Sintenis annimmt, durch die frühere Denunciation die Priorität unter mehren Pfandgläubigern begründet wird[118]).

Richtig ist die Bedeutung der Denunciation in dem §. 2 der Verord. v. 9. Dcbr. 1809 zum Ausdruck gebracht[119]): „Die Bekanntmachung der Verpfändung, so heißt es dort, an den Aussteller der Urkunde ist zwar nicht zur Begründung des dinglichen Rechtes nothwendig . . ., aber es bleiben doch bei dem Mangel einer solchen Bekanntmachung an den Schuldner diejenigen Zahlungen und rechtlichen Handlungen, soweit sie zu seinem Vortheil gereichen, giltig, welche er redlicher Weise aus Mangel dieser Wissenschaft vorgenom-

[116]) So die herrschende Ansicht Sintenis, Hdb. des Pfd.-R. S. 146. Dernburg, a. a. O. S. 464 Note 10.

[117]) Was hier von Solutio gesagt ist, muß von allen Aufhebungsarten gelten.

[118]) Windscheid, Pandekten I §. 239 Note 10.

[119]) Uebereinstimmend ALR. I, 11 §. 417; über den Widerspruch d. §. 282 I, 20 mit §. 125, 126 I, 16 ALR., welcher durch d. §. 2 d. V. beseitigt wurde, s. Dernburg, Pr. Priv.-R. Bd. I S. 800 Note 6. Rönne, Ergänzungen Bd. II S. 386 zu §. 281—284 I, 20 ALR.

men hat.“ Diese den §. 292 I, 20 und §§. 413, 417 I, 11 ALR. entsprechende Bestimmung hat für das preußische Recht keine Bedeutung bei der Verpfändung von Forderungen, über welche eine Urkunde nicht vorhanden ist; denn da in diesem Falle die Verpfändung erst durch die Anzeige an den Schuldner vollendet ist, so ist die Berufung desselben auf Unkenntniß der geschehenen Verpfändung undenkbar. Ebenso ist bei einer verbrieften Forderung nach preuß. Recht eine Collision, wie solche unter mehren Prätendenten nach gemeinem Recht möglich ist, dadurch ausgeschlossen, daß zur Perfektion die Uebertragung des Besitzes am Dokumente auf den Pfandgläubiger erfordert, hiernach also dieselbe Forderung nicht mehrfach verpfändbar ist. Eben so wenig ist der Forderungspfandgläubiger bedroht, wenn der Schuldner einem Dritten Zahlung leistete, ohne daß das Instrument über die Forderung ihm ausgeantwortet worden, da er sich hierauf gegen den durch den Besitz desselben Legitimirten nach §§. 395—397 I, 11 ALR. nicht berufen kann. Nehmen wir dagegen an, der Gläubiger, der die Forderung rechtsgiltig (d. h. unter Aushändigung des Instruments über dieselbe an seinen Gläubiger) verpfändet hat, verlangte von seinem Schuldner Zahlung, so leistet dieser dieselbe, wenn die Verpfändung nicht bekannt gemacht, giltig gegen einen von dem Gläubiger ausgestellten Mortifikationsschein (§§. 126, 127 I, 16 ALR.); hat ferner der Gläubiger die Forderung nach stattgehabter Verpfändung weitercedirt — wozu es ja der Aushändigung des Instruments an den Cessionar nicht bedarf, §. 394 I, 11 ALR. — und der Schuldner hat diesem gegen einen von dem Cedenten, seinem ursprünglichen Gläubiger, ausgestellten Mortifikationsschein Zahlung geleistet, §. 129 I, 16 ALR., so steht ihm gegen den Pfandgläubiger, trotzdem dieser das Forderungsdokument vorweist, dennoch die Einrede der mangelnden Wissenschaft von der Verpfändung zur Seite.

Die eben betrachteten Fälle setzen allerdings unredliche Dispositionen des Verpfänders voraus, immerhin aber ist durch die Möglichkeit solcher, die Vorschrift über die Denunciation auch für das preuß. Recht gerechtfertigt.

Völlig bedeutungslos gegenüber dem Systeme des gemeinen und preuß. Rechts ist die Bekanntmachung an den Schuldner bei der Verpfändung von Orderpapieren nach Handelsrecht dadurch, daß diese nur zu Faustpfand erfolgen kann und da dem HGB. die preuß.-rechtlichen Vorschriften der §§. 126 sq. I, 16 ALR. unbekannt sind, ist eine Collision mehrer Berechtigter an derselben Forderung unmöglich und es kann der Verpflichtete auf Erfüllung an einen Anderen, als den durch eine zusammenhängende Reihe von Indossamenten legitimirten Inhaber des indossirten Papiers, diesem gegenüber sich eben so wenig, wie auf andere civilrechtliche Aufhebungen seiner Verbindlichkeit berufen[120]). — In der gemeinrechtlichen Praxis herrscht Mangels eines Anhaltes in den Quellen über die Frage Streit, wie die Denunciation geschehen müsse, ob durch den Verpfänder oder Pfandgläubiger, und ob dieselbe auch dann nothwendig sei, wenn der Schuldner bereits anderweit Kenntniß erlangt habe[121]); die letztere Frage wird gegenwärtig von der überwiegenden Mehrheit der Juristen übereinstimmend mit der bereits von Donell (Comment. ad L. 4 Cod. 8, 17) vorgetragenen Ansicht dahin beantwortet, daß der Schuldner durch eine, nicht durch die Contrahenten ihm gewordene Kenntniß nicht verhindert wird, seinen ursprünglichen Gläubiger, als den ihm gegenüber allein Berechtigten anzusehen[122]). Es rechtfertigt sich diese Entscheidung aus der Rücksicht auf den Schuldner, dem es nicht zuzumuthen ist, jede zu seinen Ohren kommende Kunde über Dispositionen seines Gläubigers nach ihrer Begründung zu prüfen; erst die Denunciation gewährt ihm, für die ihm aus dieser erwachsenden Verpflichtung dem Denuncirenden gegenüber, die Garantie, daß Letzterer es übernehmen würde, ihn gegen weitere Prätendenten zu vertreten. Hieraus ergiebt sich für das gemeine Recht die Folge, daß die Denunciation durch den Pfandgläubiger dem Schuldner nicht bereits eine vollkommene Ueberzeugung von der Richtigkeit des vollzogenen Rechtsgeschäftes zu gewähren braucht, wie unrichtig das Ober-App.-Ger. zu Kassel[123]) unter Berufung auf Sintenis angenommen —

---

120) Auf die schwierige, im Wechselrecht viel erörterte Einrede der Zahlung gegen den Anspruch aus dem indossirten Papiere ist hier nicht weiter einzugehen; vergl. Borchard, a. a. O. Zus. 640.

121) Siehe darüber Huschke, a. a. O. S. 301 Note e—g.

122) Gleicher Ansicht Huschke, a. a. O. S. 302 Note f. Baehr, S. 422 sq. Pfeiffer, Prakt. Ausführungen Bd. VII S. 11, 15. Seuffert, Archiv Bd. II, 279; Bd. II, 216; Bd. XXIII, 114.

123) Bei Pfeiffer, a. a. O. S. 16. Sintenis, Hdb. d. Pfandr. S. 146.

nm diesen Nachweis kann es sich erst handeln, wenn der Pfandgläubiger sein Recht wirklich ausüben will —; vielmehr genügt, wie bei Seuffert, Archiv (Bd. III No. 156), ausgeführt ist, für den Zweck der Denunciation die bloße Anzeige.

Für das preuß. Recht beantwortet sich diese Frage nach Maßgabe der Bestimmungen der §§. 414—417 I, 11 und §. 2 Verord. v. 9. Decbr. 1809 bei Verpfändung verbriefter Forderungen dahin, daß die Denunciation durch den Verpfänder den Schuldner sofort bindet, die von dem Pfandgläubiger ausgehende aber nur wirksam ist, wenn dieser seine Legitimation binnen 3 Tagen bescheinigt. Bei anderen Forderungen ist, wie früher bemerkt, da dort die Denunciation ein perficirendes Moment ist, die Bekanntmachung stets durch den Verpfänder erforderlich.

Von nun an ist der Schuldner gegen seinen Gläubiger, der ihn trotz der Verpfändung belangt, durch eine dilatorische exceptio doli generalis geschützt. Darf nun der Schuldner bei Fälligkeit seiner Verbindlichkeit an den Pfandgläubiger, auch wenn die pfandgesicherte Forderung noch nicht fällig ist, giltig zahlen? Dies möchte nach röm. und preuß. Recht zu verneinen sein, weil der Verpflichtete seinem ursprünglichen Gläubiger gegenüber nur dann liberirt wird, wenn er dem zum Empfang Legitimirten an seiner Statt erfüllt hat; dies ist der Pfandgläubiger bis zum Verfall der pfandversicherten Forderung nicht[124]); bis dahin kann der Schuldner sich nur durch gerichtliche Deposition wirksam liberiren[125]). Thut dies der Schuldner nicht freiwillig, so kann der Umstand, daß des ursprünglichen Gläubigers Klagerecht in suspenso ist, des Pfandgläubigers aber noch nicht begründet ist, die Forderung leicht gefährden. In einem solchen Falle gilt, was L. 14 pr. D. de pign. 20, 1 bei dem Pfande an der res corporalis anerkennt: der Gläubiger ist dann befugt, und seinem Schuldner sogar aus dem Pfandkontrakt verpflichtet, auf Deposition des Schuld-

---

[124]) ALR. I, 20 §. 289.

[125]) So Trotsche und Dernburg. A. Ans. Huschke, S. 299, 300. Buchka, Eberhard, S. 28, welcher letzterer sofort nach der Denunciation den Schuldner z. Zahlung an d. Pfandgläubiger berechtigt und verpflichtet erachtet. Für preuß. R. mit uns übereinstimmend Korte, a. a. O. S. 180. ALR. I, 11 §. 418; I, 16 §§. 215, 216.

gegenstandes zu klagen[126]). Ist dem Gläubiger ein Wechsel oder ein sonstiges Ordrepapier, aus welchem die Forderung früher fällig ist, als die pfandgesicherte Schuld, durch Indossament verpfändet, so kann der Wille der Kontrahenten nur dahin gehen, daß der Pfandindossatar, wie derselbe nach allgemeinen Grundsätzen verpflichtet ist, das verpfändetete Papier gegen Werthminderung[127]) oder Präjudicirung zu schützen, auch berechtigt sein solle, selbst wenn die Voraussetzungen der Geltendmachung des Pfandrechtes noch nicht vorhanden, das Recht aus der Urkunde zu realisiren[128]). Die Klage geht dann auch nicht auf Zahlung ad depositum; denn da der Pfandgläubiger durch das Indossament dem Schuldner gegenüber als legitimirter Gläubiger erscheint, so kann sich dieser auf das zwischen dem Indossatar und seinem Vormann bestehende Pfandverhältniß, als ein ihm fremdes, nicht berufen, um die Zahlung zu verweigern[129]).

Sind die Voraussetzungen der Geltendmachung des Pfandrechtes eingetreten, so kann der Gläubiger sich an das Objekt seines Pfandes, zum Zwecke seiner Befriedigung daraus, halten. Nach den Grundsätzen des gemeinen Rechts erscheint das Verkaufsrecht so sehr begrifflich in dem Pfandrecht enthalten, daß man dieses, auch wenn die Quellen desselben beim Forderungspfande nicht gedächten, als selbstverständlich dem Pfandgläubiger einzuräumen geneigt wäre. Gleichwohl ist dieser Punkt von dem neuesten Schriftsteller in Frage gestellt worden, und auch die herrschende Lehre, welche die Verkaufsbefugniß dem Pfandgläubiger zugesteht, schwankt, wie sich dieses Recht zu der hier geltenden weiteren Befugniß, die verpfändete Forderung einzutreiben, verhalte. So bemerkt Dernburg[130]), obwohl er die Verkaufs-

[126]) Seuffert, Archiv V, 307. Holzschuher, Theorie und Kasuistik des gemeinen Civilr. 2. Aufl. Bd. II S. 234. Dernburg, Pfandr. Bd. I S. 465. ALR. I, 11 S. 419.

[127]) Laband, a. a. O. S. 267, 268, 274, 275. Goldschmidt, §. 88 Note 7.

[128]) Borchardt, DWO. Zus. 403. Renaud, Lehrbuch des Wechselrechts S. 175.

[129]) Vergl. die bei Borchardt, a. a. O., citirte Entscheidung des Ober-Trib. zu Berlin Zus. 631 h. Dem entspricht die Verkehrsusance, wonach in einem solchen Falle der Pfandgläubiger die Forderung realisirt und den Erlös dem Schuldner unter Verzinsung „gut schreibt". Rechtlich fehlt es hier an der causa depositionis.

[130]) A. a. O. S. 462, 65, 69.

befugniß, als aus dem Wesen des Pfandrechts folgend, dem Forderungspfandgläubiger zuerkennt, das jus exigendi bilde den nächsten Inhalt seines Rechtes, und Sohm[131]) meint, die Veräußerungsbefugniß träte hier vor der nächstliegenden normalen Wirkung, das Recht mittelst der dem Verpfänder zustehenden Klage auszuüben, und hierdurch den Vermögenswerth des Pfandobjektes herzustellen, zurück, welche Ansicht Eberhard[132]) dahin zuspitzt, daß der Pfandgläubiger zuerst versuchen müsse, die Forderung einzutreiben, und erst dann, wenn der Schuldner die Zahlung weigere, es also auf die Klage ankommen lasse, oder sich sonstige Schwierigkeiten entgegenstellten, berechtigt sei, sich dieser Ungelegenheiten zu entschlagen und die Forderung zu verkaufen. Exner[133]) bestreitet überhaupt das jus vendendi, es sei denn, daß dies ausdrücklich oder stillschweigend eingeräumt wäre, was besonders dann der Fall sei, wenn die verpfändete Forderung negociabel oder der Verpfänder dem Pfandgläubiger die behufs Begebung der Forderung erforderlichen Urkunden zur Verfügung gestellt habe. Für diese, mit der seit frühester Zeit in Geltung befindlichen und gegenwärtig herrschenden Lehre, im Widerspruche stehende Ansicht beruft sich Exner[134]) auf die Autorität Donell's, auf einige Praktiker des siebzehnten Jahrhunderts und auf Westphal[135]), welche alle beim Forderungspfande das Verkaufsrecht nicht erwähnen. Unschwer sieht man, woher diese Opposition Exner's gegen das Verkaufsrecht stammt; er kann dasselbe bei der geschilderten Auffassung vom Forderungspfande nicht anerkennen, weil es ihm an dem Objekte hierfür fehlt, als welches er ja die Forderung nicht ansieht[136]); unbegreiflich jedoch ist es, wenn er sagt, das „ius vendendi ist ein Plus, welches dem Pfandgläubiger einen zweiten Weg zur Befriedigung öffnet, der nicht durch das Pfandrecht hindurch führt“, während wir doch gewohnt sind, seit der vollendeten Ausbildung des Pfandrechts im klassisch-römischen Recht das Verkaufsrecht als den integrirenden Inhalt desselben anzusehen[137]).

---

131) S. 85 a. a. O.

132) A. a. O. S. 31.

133) A. a. O. S. 164.

134) A. a. O. S. 166 Note 306, S. 170 Note 312.

135) Pfandrecht des röm. Rechts, 1770 S. 202.

136) Vergl. Becker in d. Kritischen Vierteljahrsschrift Bd. XV S. 536.

137) L. 12 D. 20, 1. L. 5 § 21 D. ut in post. leg. 36, 4.

Nach unserer Ansicht stehen beide Befugnisse, das jus vendendi und exigendi auf gleicher Linie[138]); beide dienen dazu, dem Gläubiger den Vermögenswerth des Pfandobjektes zu verschaffen. In Beziehung auf das Verkaufsrecht berief sich die herrschende Lehre bisher auf die L. 7 Cod. de hered. vel act. vend. 4, 39: Postquam eo decursum est, ut cautiones quoque debitorum pignori darentur, ordinarium visum est, post nominis venditionem utiles emtori, sicut responsum est, vel ipsi creditori postulanti dandas actiones, und legte dieselbe dahin aus: Kaiser Diokletian lehre, es sei Praxis geworden, seitdem die Forderungsverpfändung für zulässig erachtet worden, demjenigen, der vom Pfandgläubiger die Forderung gekauft habe, die actio utilis so einzuräumen, wie sie jenem (zur Ausübung seines ius exigendi) gewährt worden wäre. Neuerdings nun hat Krüger[139]) auf Grund einer besseren Handschrift den Text dieser Stelle, wie folgt, festgestellt: Ordinarium visum est, ut, post nominis venditionem utiles emptori, sic (ut responsum est) vel ipsi creditori postulanti dandas actiones, so daß dieselbe gar nicht vom Verkaufsrecht Seitens des Gläubigers handele, sondern nur als einen anerkannten Satz (ut responsum est) hinstelle, daß der Forderungspfandgläubiger sein ius exigendi mittelst actio utilis geltend mache, nach Analogie des emptor nominis. Wenn nun allerdings zuzugeben, daß damit der diesseits vertretenen Ansicht eine wesentliche Stütze entzogen ist, so ist dieselbe doch nicht als unquellmäßig widerlegt; denn immer bleibt die L. 15 §. 10 D. de re iud. 42, 1 stehen, wo das ius vendendi neben dem ius exigendi als Inhalt des Forderungspfandes dargestellt wird. Praktisch wichtig wird das Verkaufsrecht für den Pfandgläubiger besonders dann werden, wenn die pfandgesicherte Forderung früher als die verpfändete fällig ist, da so lange von dem ius exigendi die Rede nicht ist. Die Voraussetzungen sind die allgemeinen der Veräußerung des Sachenpfandes: Fälligkeit der versicherten Forderung, Nichtbefriedigung seitens des Schuldners, ohne daß dieser sich in Verzug befinden muß[140]); im Uebrigen wird auch hier die Denunciation an den Verpfänder und die zweijährige Warte-

---

[138]) Bremer, a. a. O. S. 212. Windscheid, Pandekten I §. 239 Note 10.

[139]) Kritische Vierteljahrsschrift Bd. XVI S. 116. Siehe das. S. 443.

[140]) Windscheid, Pandekten I §. 237 Note 3.

frist des justinianischen Rechtes zu beobachten sein[141]). Der Verkauf erfolgt dann, wie sonst, im römischen Rechte, durch den Pfandgläubiger[142]), außergerichtlich; und dieses muß als gemeines Recht angesehen werden[143]), wenngleich partikularrechtlich im Geltungsgebiete des gemeinen Rechts auch bei Mobilien der Verkauf gerichtlich, und ohne Beobachtung der zweijährigen Frist, nach vorgängigem Verfahren gegen den Schuldner über Richtigkeit und Fälligkeit der Schuld zu geschehen pflegt[144]). Der Pfandgläubiger ist, wie Dernburg mit Recht gegen die Ansicht einiger Aelteren[145]) annimmt, befugt, die ganze Forderung zu verkaufen, nicht nur einen der Hauptforderung gleichkommenden Betrag, so wenig, wie beim Sachenpfande der Verkauf auf einen, den Werth der Pfandforderung repräsentirenden ideellen Theil der Pfandsache beschränkt ist. Wie hier die Sache frei von allen Lasten auf den Käufer übergeht, so erwirbt dieser die Forderung mit der Wirkung, daß er diese, wie ein Cessionar, ganz so wie der Verpfänder geltend machen kann, ohne daß der letztere ein Einlösungsrecht[146]) oder der ausgeklagte Schuldner die Einrede aus der lex Anastasiana entgegensetzen kann. Der Pfandgläubiger haftet dem Erwerber dafür, daß er primus creditor, und daß an der Forderung keinem eine bessere Berechtigung zustehe; ferner für die Beobachtung der Formalien des Pfandverkaufs und für Verität der Forderung[147]). Aus dem Kauferlöse befriedigt er sich und wird der Schuldner, so weit dieser reicht, frei[148]), den Ueberschuß zahlt er dem nachstehenden Pfandgläubiger resp. dem Verpfänder oder dessen Cessionar.

Wie das Verkaufsrecht bei jedem Pfande, so erscheint das ius

---

[141]) Dies wird wiederum die Ausübung des ius vendendi häufig nicht räthlich erscheinen lassen.

[142]) Dies gilt nur vom Konventionalpfand; beim gerichtlichen ist es bekanntlich anders.

[143]) Dernburg, Pfandrecht Bd. II S. 258.

[144]) Pfeiffer, Praktische Ausf. I S. 4. Baron, Pandekten §. 198 sub II.

[145]) Siehe Dernburg, a. a. O. S. 469 Note 23.

[146]) Die Ausnahmen des röm. Rechts sind, daß das Einlösungsrecht dem Verpfänder ausdrücklich vorbehalten worden oder der Bürge resp. spätere Pfandgläubiger Käufer des Pfandes sind. L. 5 §. 1. L. 7 pr. §. 1 D. de distract. pig. 20, 5.

[147]) L. 4 D. de her. vel act. vend. 18, 4.

[148]) L. 9 pr. §. 1 D. de dist. pig. 20, 5.

exigendi als besondere Wirkung des Forderungspfandes. Der Gläubiger übt dieses aus durch Entgegennahme der freiwilligen Leistung oder durch Ausklagung des Verpflichteten; ob er zu anderweitigen Dispositionen der Gestalt der Verrechnung mit dem Schuldner befugt ist, werden wir später besonders zu erörtern haben. Die Klage ist, wie bereits bemerkt, in den Quellen schlechthin als actio utilis bezeichnet, d. h. der Pfandgläubiger exercirt die persönliche Klage des Verpfänders; in dem Beispiele der L. 20 D. cit. de pig. 20, 1 hat also der Gläubiger, dem für seine Forderung aus Bauvorschüssen der ausstehende Miethszins verpfändet ist, die actio locati zu dessen Eintreibung utiliter. Diese Klage stellt der Pfandgläubiger aus eigenem Rechte an und kann mittelst derselben natürlich nur so viel erlangen, als dem ursprünglichen Forderungsberechtigten zukam[149]). Hieraus ergiebt sich zunächst, daß die Fälligkeit der verpfändeten Forderung abgewartet werden muß[150]). Nach Inhalt der L. 23 D. de prob. 22, 3, zusammen mit der wiederholt erwähnten L. 4 Cod. quae res pig. 8, 17 hat der Pfandgläubiger den Beweis der rechtsgiltig geschehenen Pfandbestellung, conventio de pignore, zu erbringen; ante omnia probandum est, quod inter agentem et debitorem convenit, ut pignori hypothecaeve sit; ferner, daß die verpfändete Forderung in bonis des Verpfänders gewesen: lex 15 §. 1, lex 3 pr. D. 20, 1; L. 23 D. de prob. fährt fort: et si hoc probet actor, illud quoque implere debet, rem pertinere ad debitorem eo tempore quo convenit de pignore. Endlich, daß die versicherte Forderung fällig und der Gläubiger nicht befriedigt worden, — in so weit stimmt die Klage mit der actio hypothecaria überein. Streitig ist nun, ob Kläger auch die Größe der versicherten Schuld zu beweisen habe, und, wenn diese weniger als die verpfändete Forderung beträgt, das Klagepetitum sich auf den Betrag der ersteren beschränke. Klar ist, daß, wenn nur ein Theil der Schuldforderung verpfändet ist, das ius exigendi auch nur so weit reicht, als die verpfändete Theilforderung beträgt. Die Beantwortung der aufgeworfenen Frage komplicirt sich durch die Rücksicht auf das dem

---

149) Vergl. Schmidt, Cession Bd. I S. 124, S. 130 Note 84.

150) L. 6 D. l. 23 pr. D. de her. vel act. vend. 18, 4. Seuffert, Archiv Bd. XXVI, 12.

Schuldner zustehende Recht auf gänzliche Liberirung, ... est enim iniquum, sagt lex 27 §. 8 D. de peculio 15, 1, in plures adversarios distringi eum, qui cum uno contraxerit ..., sowie auf den Umfang der dem Gläubiger pignoris modo eingeräumten Befugnisse. Die uns aus der gemeinen Praxis bekannt gewordenen Entscheidungen des Ober-App.-Ger. zu Cassel[151]) schwanken; so heißt es in der älteren „daß, da der Kläger den ganzen Betrag des Pfandes eingeklagt hat, es nothwendig zu seiner Legitimation gehört, neben der Existenz des Faustpfandes nachzuweisen, daß er an seinen Schuldner jenen Betrag, oder wieviel weniger, zu fordern habe;" wogegen die andere sagt, „die Verpfändung einer ausstehenden Forderung berechtige den Pfandgläubiger zum Einklagen derselben," ohne die Beschränkung der früheren zu wiederholen. In der Doktrin vertraten die gleiche Ansicht, wonach der Pfandgläubiger den ganzen Betrag anzunehmen ermächtigt sei, Huschke und Mühlenbruch, wogegen Trotsche und Sintenis seinen Anspruch auf die Summe der Hauptforderung beschränken unter Berufung auf die Worte der lex 4 Cod. quae res pign. 8, 17: utilibus actionibus satis tibi facere, usque ad id quod tibi deberi a creditore eius probaveris, compellitur, quatenus tamen ipse debet. Diese letztere Ansicht erscheint nun auf den ersten Blick verfehlt, für den Fall, daß eine nicht theilbare Forderung verpfändet ist und deshalb unterscheidet Dernburg, ob dieselbe auf Geld oder auf eine Sache anderer Art gerichtet ist. Ersterenfalls stimmt er Sintenis bei, wogegen ihm sonst „der Pfandnehmer wegen der kleinsten Forderung berechtigt ist, Leistung des ganzen Schuldobjektes zu verlangen." Ihm schließt sich Exner an. Schwer vereinbar scheint uns diese Ansicht mit der sonstigen Auffassung Dernburg's, wonach die ganze Forderung den Pfandgegenstand für den Gläubiger bildet; jedenfalls ist dieselbe eben so wenig in den citirten Worten der lex 4 Cod. enthalten, als dieselben die Sintenische Erklärung rechtfertigen.

Unseres Erachtens ist die Bedeutung der für unsere Frage stets angeführten Quellenstelle folgende: Bekanntlich kann nach römischem Rechte der mittelst actio hypothecaria belangte Drittbesitzer der Sache seine Verurtheilung dadurch abwenden, daß er dem Kläger

---

151) Bei Pfeiffer, Prakt. Ausf. Bd. I S. 9, Bd. VII S. 13.

den Betrag der pfandgesicherten Forderung nebst deren Accessionen offerirt, wogegen er in dessen Anspruch gegen den Verpfänder eintritt[152]). Diese Wohlthat wird in unserer Stelle auch dem aus der verpfändeten Forderung Belangten gewährt; behauptet er also, die pfandgesicherte Forderung des Klägers betrage weniger, als die von ihm iure pignoris eingeklagte, so muß dieser die Höhe der ersteren beweisen und der Beklagte wird dann nur auf soviel verurtheilt, als id quod ei deberi a creditore eius probaverit[153]). In dieser Weise erklärt, stimmt die Entscheidung der lex 4 Cod. cit. mit dem allgemeinen Grundsatz überein, daß das Pfand dem Gläubiger für jeden Theil der Forderung ganz und ungetheilt verhaftet ist, pignoris causa indivisa[154]); und indem sie dem Schuldner nur eine Wohlthat einräumt, nimmt sie ihm nicht sein Recht auf gänzliche Liberirung. Mit unserer Ansicht übereinstimmend[155]), sagt Keller[156]): „Man darf wegen L. 4 cit. nicht glauben, daß auch die Condemnatio in der Formula und darauf hin die des index auf den Betrag der durch die Obligation gedeckten Forderung **regelmäßig** reducirt worden wäre; denn es war viel natürlicher, den Pfandgläubiger unter der gewöhnlichen Verantwortlichkeit sein Stellvertretungsverhältniß vollständig ausüben zu lassen, als den Pfandschuldner gegenüber seinem Schuldner den Gefahren der Consumtion auszusetzen. So ist es auch heutzutage, nur wird für Alles, was der Pfandgläubiger über seine Forderung hinaus einkassirt, der Wille des Pfandschuldners wieder wirksam. — Selbstverständlich kann bei der Ausübung des ius exigendi von den bei dem Verkauf zu beobachtenden Förmlichkeiten eben so wenig die Rede sein, als von der exceptio excussionis des mittelst der actio hypothecaria Belangten, da ja der Schuldner dem Pfandgläubiger nur das leisten soll, wozu

---

152) Siehe L. 12 §. 1 D. qu. mod. pig. 20, 6. L. 16 §. 3 D. de pig. 20, 1. L. 19 D. qui pot. 20, 4.

153) Dem Schuldner wird hierdurch die Möglichkeit gewährt, den überschießenden Betrag zurückzuhalten, wofür er mannigfache Gründe haben kann, z. B. zum Zweck der Kompensation wegen einer erst nach der Denunciation entstandenen Forderung.

154) L. 65 D. de eviction. 21, 2.

155) **Schmidt**, Cession S. 133, 134, ihm folgend **Bremer**, S. 215

156) **Keller**, Pandekten Bd. I §. 201 Note 1.

er seinem Gläubiger bereits verpflichtet ist. Richtig hebt dies — und es muß dies gegenüber der Exnerschen Auffassung betont werden — eine Entscheidung des Ober-App.-Ger. zu Dresden hervor[157]): „Die exceptio excussionis hat debitor debitoris nicht, da nicht res debita, sondern das nomen verpfändet ist."

Bestreitet nun der Schuldner die Existenz seiner Verbindlichkeit überhaupt, so wird der Pfandgläubiger den Verpfänder durch Litisdenunciation zum Prozesse zuziehen lassen, um sich gegen diesen seine Ansprüche auf Schadensersatz und anderweitige Sicherstellung zu erhalten; setzt er ihm dagegen Einreden entgegen, so entscheidet über deren Zulässigkeit das Fundament derselben und die Zeit der Entstehung. Sind die Einreden in der Entstehung des Schuldverhältnisses begründet, so erreicht der Schuldner gegen den Pfandgläubiger dasselbe, wie gegen seinen Gläubiger. In Beziehung auf die sonstigen Einreden kommt es darauf an, ob dieselben vor oder nach der Denunciation entstanden sind. Bis zu letzterem Momente durfte er, wie bereits im anderen Zusammenhange ausgeführt, seinem Gläubiger und den als dessen Rechtsnachfolger Legitimirten erfüllen, mit ihnen über die Verbindlichkeit paciscиren und dieselbe aufheben. Jede Berufung auf Rechtshandlungen nach der Denunciation dagegen elidirt der Kläger durch replica doli. Unter den mannigfachen Einreden verdient nun die der Kompensation eine nähere Betrachtung. Bekanntlich kann der debitor cessus dem Cessionar die vor der Denunciation erworbenen Ansprüche an den Cedenten compensando entgegensetzen, und die herrschende Meinung nimmt das Gleiche bei der Verpfändung von Forderungen an. Huschke hat jedoch die Ansicht vertheidigt[158]), dem Pfandgläubiger könne der belangte Schuldner auch die nach der Certioration erworbenen Ansprüche gegen den Verpfänder entgegensetzen, weil „die Certioration bewirke, daß die Forderung nicht durch Handlungen des ersten Gläubigers aufgehoben würde, dies könne aber dem Schuldner nicht die Wohlthat der Kompensation entreißen, die ipso iure die Verbindlichkeit aufhebe". Diese Ansicht beruht auf einem

---

[157]) Bei Langenn und Kori, Prakt. Rechtsfragen I S. 89; ebenso die herrschende Meinung: Buchka, S. 33, Dernburg, S. 465 Note 12, Pfeiffer, a. a. O. I S. 7; anderer Ansicht Schmidt, a. a. O. S. 140 und ihm folgend Bremer, S. 215.

[158]) A. a. O. S. 300.

Verkennen sowohl des Wesens der Denunciation, durch welche die verpfändete Forderung überhaupt von allen außerhalb der Person des Berechtigten liegenden Einflüssen bewahrt werden soll, als des Satzes „ipso iure compensatio fit", welcher, richtig aufgefaßt, nicht besagt, die Kompensation bewirke von selbst Aufhebung der Forderungen in dem Momente, wo sich diese begegnen, sondern: die Kompensation, einwandsweise geltend gemacht, hebt, beim Dasein ihrer Voraussetzungen, kraft Rechtsnothwendigkeit die sich gegenüberstehenden Forderungen auf[158a]). Anders begründet Schwarze[159]) seine von der herrschenden Ansicht abweichende Auffassung in dieser Frage. Er argumentirt wie folgt: Der Cessus kann die ihm gegen den Cedenten zustehende, erst nach der Cession erwachsene Forderung gegen den Cessionar nicht compensationis loco geltend machen, weil sie zu einer Zeit entstanden, wo der Cedent aus dem Obligationsnexus geschieden, somit die Forderung, auf welche kompensirt werden soll, sich nicht mehr in seinem Vermögen befand; bei der Verpfändung bleibt der Pfandschuldner immer der eigentliche Gläubiger, folglich kann der Forderungsverpflichtete dem Pfandgläubiger alle compensablen Gegenforderungen entgegensetzen. Schwarze leugnet ferner, daß der Pfandgläubiger es sich gefallen lassen müsse, daß der Schuldner des Verpfänders gegen seine Klage aus dem verpfändeten nomen die ihm gegen ihn, aus eigener Person, zustehende Forderung compensire, da nicht jener, sondern der Verpfänder sein Gläubiger sei. Wir können diese Ansicht nicht theilen, halten vielmehr die herrschende Lehre[160]) für richtig. Allerdings ist Schwarze beizustimmen, daß die Forderung im Vermögen des Verpfänders geblieben, und der Pfandgläubiger nicht dessen Cessionar geworden; indeß wenn dieser dem Schuldner die Verpfändung denuncirt hat, so hat er sich gegen denselben eine Position verschafft, vermöge deren alle späteren Rechtsvorgänge ihm gegenüber außer Betracht bleiben, und, da er nicht als Stellvertreter des Verpfänders ein fremdes, sondern sein eigenes Recht gegen den Schuldner ausübt, so muß er sich die Kompensationsansprüche desselben gegen ihn selbst gefallen lassen. An diesen Punkt knüpft sich

---

158a) Die compensatio ist necessaria!

159) A. a. O. S. 47 sq.

160) Siehe die Ausführungen bei **Buchka**, de pig. nom. S. 37, 38.

die weitere Frage, ob der Pfandgläubiger überhaupt, statt wirklich sich erfüllen zu lassen, auch anderweitig über die Forderung disponiren, dieselbe noviren, erlassen oder mittelst Anweisung auf seinen Gläubiger weiter übertragen darf? v. Vangerow[161]) verneint dies und sieht hierin einen Unterschied zwischen der Stellung des Pfandgläubigers und Cessionars, ebenso Trotsche[162]); letzterer geht davon aus, daß nach Inhalt der Verpfändung der debitor das Objekt, das nomen, iussu creditoris an den Pfandgläubiger abzuliefern habe, und von dem so erklärten Willen des Gläubigers nicht abweichen dürfe, was u. A. aus L. 21 D. de nov. 46, 2 hervorgehe: si debitorem meum iussero tibi solvere, non statim tu etiam stipulando id novare possis, quamvis debitor solvendo tibi liberaretur, und L. 25 D. eod.: non ideo novare veterem obligationem quisquam recte potest, quod interdum recte ei solvitur. Diese Stellen unterstützen jene Ansicht nicht; denn abgesehen davon, daß ihnen die allgemein lautenden L. 10 D. eod.: cui recte solvitur is etiam novare potest, gegenüber steht, sagen jene nur, es gäbe Fälle, wo Jemand zwar zur Annahme einer Zahlung, aber dennoch nicht zur Vornahme einer Novation berechtigt sei, was gewiß richtig ist, z. B. bei dem solutionis causa adiectus; unseren Fall aber, wo es sich um die Geltendmachung eines eigenen Rechtes handelt, berühren diese nicht. Mit Recht erklären sich daher die meisten Schriftsteller[163]) für die Bejahung der Frage, natürlich unter der Voraussetzung, daß die Bedingungen des ius exigendi vorhanden, und nur in dem Umfange, als der Pfandgläubiger sich das Geleistete zu eigen machen darf, und, indem er sich das, worüber er verfügte, auf seine Ansprüche gegen den Verpfänder anrechnen lassen muß.

In Beziehung auf die Grundsätze von der Ausübung des Forderungspfandes nach preuß. Recht nimmt die herrschende, besonders von Bornemann[164]), Schmidt[165]), Koch[166]) vertretene Meinung an,

---

[161]) Pandekten Bd. I §. 368 Anm. 1.

[162]) A. a. O. S. 101 sq.

[163]) Dernburg, a. a. O. S. 469. Schwarze, S. 46. Schmidt, S. 139. Windscheid, Pandekten I S. 711 Note 10.

[164]) System des pr. Civ.=Rechts 2. Ausg. Bd. IV S. 203.

[165]) Grds. des gemeinen u. preuß. Pfandrechts 1840 S. 599.

[166]) Koch, Lehrb. Bd. I S. 611. Kommentar zu §. 281 I, 20 ALR. Note 81;

daß der Pfandgläubiger durch die Verpfändung weder ein unmittelbares Klagerecht, noch auch das Verkaufsrecht erlange, beide Befugnisse vielmehr (nach rechtskräftiger Verurtheilung des Pfandschuldners) ihm durch das Gericht besonders verliehen werden dadurch, daß ihm dieses die Forderung nach Maßgabe des Gesetzes vom 4. Juli 1822 resp. 20. März 1854 übereigene oder ihn zu deren Einklagung ermächtige. Hiermit übereinstimmend hat sich das Ober-Tribunal[167]) ausgesprochen. Diese vom gemeinen Recht abweichende Theorie soll durch folgende Gründe gerechtfertigt werden[168]): Die Realisirung des Pfandrechts sei nach dem ALR. regelmäßig nur im Wege der gerichtlichen Veräußerung nach den Vorschriften der Prozeß-Ordnung gestattet[169]); wie beim Sachenpfande gelte dies auch von der Ausübung des Forderungspfandes. Da nun die beiden Arten der gerichtlichen Versteigerung, Auktion und Subhastation, auf Forderungen nach der Ger.-Ord.[170]) nicht Anwendung finden, so könne die Befriedigung des Pfandgläubigers durch Verkauf überhaupt nicht, durch Einziehung der Forderung aber nur auf dem Wege der Beschlagnahme derselben stattfinden. Uebrigens stehe, so schließt das Ober-Tribunal, ohne eine Vermittelung des Richters der Pfandgläubiger noch in gar keiner Beziehung zu dem Schuldner des Verpfänders, welche ihn zur Einziehung der Forderung legitimirte; so sei denn das geschilderte Verfahren bereits nach den Vorschriften des §. 289 und 296 I, 20 ALR. und §. 101 AGO. I, 24 Rechtens gewesen und durch dies Gesetz von 1822 nur besser regulirt. Diese Lehre[171]) wurde so traditionell, daß weder der Angriff Korte's noch die spätere Widerlegung durch Förster[172]) dieselbe zu verdrängen vermochte, und so

---

s. auch Rönne, Erg. 6. Ausg. S. 388. Ferner Franklin bei Gruchot, Beitr. Bd. V S. 53.

[167]) Entsch. Bd. VIII S. 279, d. Ob.-Trib. folgt neuerdings v. Niebuhr bei Gruchot, Beitr. z. Erläut. d. preuß. Rechts Bd. XVI S. 441—448.

[168]) Vergl. Förster, Theorie und Praxis Bd. III 3. Aufl. S. 397, 398.

[169]) §. 28, 197, 199 I, 20 ALR., Ausnahme s. §. 29 sq. das.

[170]) Die Versteigerung von Forderungen kennen wir im preuß. Rechte nur in dem einen Fall des §. 275 Konk.-Ordn. v. 8. Mai 1855.

[171]) In der jetzt veralteten Verordnung v. 28. December 1840, §. 2. Ges.-Sammlung v. 1841 S. 4 ist diese anerkannt; dagegen läßt §. 1127 Entw. des bürgerl. Ges.-Bchs v. 1840 die Einziehung ohne richterliche Vermittelung zu.

[172]) Korte, Arnsb. Arch. Bd. V S. 178, 181, 182. Förster, a. a. O. S. 398.

finden wir dieselbe in der neuesten Darstellung des preuß. Rechtes von Dernburg[173]), ohne Andeutung einer hierüber obwaltenden Meinungsdifferenz, in der hergebrachten Weise vorgetragen. Eine unbefangene Betrachtung zeigt jedoch, daß dieselbe vor einer näheren Kritik nicht bestehen kann. Was nun zunächst den §. 289 I, 20 ALR., den Hauptstützpunkt der herrschenden Lehre anlangt, so ist, wenn man nichts hineinlegt, nichts von der Form der Realisirung des Forderungspfandes und noch weniger von dem Erfordnisse der richterlichen Ueberweisung darin zu finden. Derselbe lautet: „Sind Activforderungen nur verpfändet worden, so kann der Pfandgläubiger auf deren Einziehung nur unter eben den Umständen antragen, unter welchen er die Veräußerung des Pfandes zu suchen berechtigt ist", und bietet nur eine Paraphrase der Worte der L. 4 Cod. quae res pign. 8, 17: Si debitor satis non facit . . . ille cuius nomen pignori tibi datum est utilibus actionibus satis tibi facere compelletur. Wie richtig Korte und Förster interpretiren, ist bei den „Umständen" nicht an die Form des Verfahrens, sondern an die materiellen Voraussetzungen der Pfandrealisirung überhaupt zu denken. Nun soll aber nach der Meinung des Ober-Tribunals der §. 296 I, 20 ALR. aussprechen, daß der gesetzliche Weg der Befriedigung des Forderungs-Pfandgläubigers derselbe sei, wie bei der Exekution in eine nichtverpfändete Forderung; dies allein könne es bedeuten, wenn es daselbst heißt: „Der Schuldner der verpfändeten Forderung ist weder befugt noch verbunden, dem Pfandinhaber ohne ausdrückliche Anweisung des Verpfänders, oder ohne richterlichen Befehl Zahlung zu leisten"; der „richterliche Befehl" sei identisch mit der in §. 101 AGO. I, 24 für die Beschlagnahme einer ausstehenden Forderung zum Zwecke der Exekution vorgeschriebenen „Verordnung", welche der Richter an den Schuldner des Exequendus dahin zu erlassen habe, vom Tage der Insinuation derselben seinem Gläubiger weiter keine Zahlung zu leisten. Der Umstand nun, daß der §. 296 den „richterlichen Befehl" nur dann verlangt, wenn der Verpfänder seinen Schuldner zur Zahlung an den Pfandgläubiger nicht angewiesen, hätte doch die Vertreter der herrschenden Lehre bei ihrer Argumentation aus dem angeführten §. stutzig machen müssen, da die richterliche Vermittelung in diesem Falle

---

[173]) Dernburg, Preuß. Priv.-Recht Bd. I S. 801.

unbedingt ausgeschlossen ist; aber auch ohne dies kann der „richterliche Befehl" des §. 296 unmöglich mit der „Verordnung" des §. 101 AGO. I, 24 gleichbedeutend sein. Diese verbietet dem Schuldner des Exequendi, von der Insinuation des Arrestatorii an jede Zahlung an den Gläubiger, widrigenfalls ihm diese auf die Schuld nicht angerechnet werden würde, während bei dem Forderungspfande nach §. 297 I, 20, §. 417 I, 11 ALR. das gleiche Präjudiz, ebenso wie nach der Bestimmung des §. 2 der Verordnung vom 9. Decbr. 1809 schon von der Bekanntmachung der Verpfändung, resp. der Wissenschaft des Schuldners eintritt. Diese Inkongruenz entzieht unseres Erachtens der Berufung auf den §. 296 als Beleg für die herrschende Lehre jeden Halt. Auch bleibt bei derselben unaufgeklärt, welchen Vortheil das Forderungspfand dem Gläubiger bis zum Gesetze vom 4. Juli 1822 bot, wenn er dennoch kraft desselben nicht unmittelbar zur Ausklagung des Drittschuldners berechtigt gewesen, da er doch nach den Bestimmungen der AGO. §. 101 sq. I, 24, sofern der Schuldner des Verpfänders nicht gutwillig leistete, oder dieser gegen ihn klagte[174]), schließlich auf die meist wirkungslose executio ad faciendum sich angewiesen sah, während er durch das Pfand eine von der Person seines Schuldners unabhängige Sicherheit gewonnen zu haben vermeinte. Bei der gegnerischen Ansicht bleibt völlig die Frage unbeantwortet, wie es denn mit der Realisirung von Forderungen, die „auf Naturalien oder andere Sachen" gingen, gestanden habe, da bis zum Erlaß des Gesetzes vom 20. März 1854 §. 17 die Exekution in derartige Forderungen gesetzlich nicht normirt war, während doch der §. 290 I, 20 ALR. deren Verpfändbarkeit ausdrücklich erwähnt. Im Gegensatz zu der vorgetragenen herrschenden Lehre behaupten wir, daß die Vorschriften der AGO. und der diese abändernden Gesetze auf die Realisirung des Forderungspfandes keine Anwendung finden und daß der Pfandgläubiger der richterlichen Beschlagnahme oder Ueberweisung resp. Ermächtigung zur Einklagung, überhaupt einer richterlichen Vermittelung nicht bedarf, weil bereits durch das Pfand ihm ein Recht an der Forderung zusteht. Dieser Auffassung entsprechend wurde bei Berathung des Gesetzes vom 4. Juli 1822 der Vorschlag, die Bestimmungen desselben auf die Verpfändung von Forderungen auszu-

[174]) Von dem Falle der Kollusion nach §. 105 I, 24 AGO. abgesehen.

dehnen, abgelehnt, weil nur eine Abänderung der Gerichtsordnung bezweckt sei, das Forderungspfand aber im ALR. normirt sei[175]).

Die landrechtliche Lehre hat, wie wir aus den Schlußvorträgen von Suarez[176]) wissen, in der Deklaration vom 16. Juli 1785 ihre Quelle, dort heißt es sub 3[177]): „So viel die Verpfändung ausstehender Kapitalien und anderer Aktivforderungen betrifft, so lassen wir es demnächst lediglich bei den Vorschriften der gemeinen Rechte."

Die Ausführung des Institutes in den §§. 281—298 I, 20 ALR. zeigt uns, daß wir es hier nicht mit einzelnen Regeln zu thun haben, neben welchen die sonstigen Grundsätze des Sachenpfandes entscheiden, sondern daß die Redaktoren, indem sie die Lehre von der Forderungsverpfändung zusammenhängend darstellten, nicht nur hinsichtlich der Entstehungsart, sondern auch materiell von den Regeln des Sachenpfandes abweichende Bestimmungen getroffen haben, von denen letztere sich wesentlich dem gemeinen Rechte anschließen. Wie der §. 289 h. t. der L. 4 Cod. cit. 8, 17, so entspricht der §. 290 genau der L. 18 pr. D. cit. 13, 7. Ebenso ist abweichend von dem im §. 127 I, 20 aufgestellten Grundsatz im §. 293 die Afterverpfändung hier im Anschluß an das gemeine Recht ohne Consens des Verpfänders zugelassen. In dem §. 289, welcher von dem ius exigendi des Gläubigers handelt, konnte aber an eine gerichtliche Mitwirkung im Sinne der herrschenden Lehre gar nicht gedacht werden, weil diese nach den Bestimmungen des §. 28, 197, 199 I, 20 ALR. nur als „Regel" für die Veräußerung gilt; insofern bezüglich dieser im §. 199 cit. auf die Prozeßordnung verwiesen ist, diese aber, wie bemerkt, für den Forderungsverkauf Bestimmungen nicht enthält, wird der Pfandgläubiger denselben außergerichtlich bewirken dürfen; denn daß Mangels jener Bestimmung die Veräußerungsbefugniß beim Forderungspfande nach preuß. Recht cessire, kann nicht behauptet werden.

Eine Stütze für unsere vorstehenden Ausführungen bieten uns die Berathungen über den Anhang zur AGO.[178]). In dem im Auf-

---

[175]) Vergl. Loewenberg, Beitr. z. Kenntniß der Motive d. preuß. Gesetzgebung Bd. I S. 734, 735.

[176]) Schlußvorträge S. 60.

[177]) Nov. corp. const. tom. VIII S. 3152.

[178]) Loewenberg, Beitr. Bd. II 348 sq.

trage des Justizministers v. Kircheisen von Goßler gearbeiteten Entwurfe befand sich zum §. 101 AGO. I, 24 folgender Zusatz: „Der gerichtliche Verkauf verpfändeter Aktivorum findet im Wege der Exekution nicht statt, vielmehr muß mit deren Einziehung ebenso wie mit anderen ausstehenden Schulden des Exequendi verfahren werden.“ Dieser Zusatz war augenscheinlich durch mehre Reskripte aus dem Jahre 1809[179]) veranlaßt, welche unter Berufung auf §. 289 I, 20 ALR. die außergerichtliche Veräußerung verpfändeter Aktivorum für unzulässig erklärt hatten[180]). Das Votum sämmtlicher Monenten[181]) sprach sich für die Weglassung aus und es zeigt das Conklusium v. Kircheisen's, ebenso wie dessen Reskript vom 2. November 1818, daß man in jener dem ALR. näher stehenden Zeit durch dessen Bestimmungen den außergerichtlichen Verkauf als Realisirungsmodus der verpfändeten Forderung nicht ausgeschlossen erachtete[182]).

Bisher haben wir den §. 296 nur betrachtet, um darzulegen, daß derselbe nicht das enthält, was das Preuß. Ob.-Trib. hineingelegt hat. Wir müssen nun dessen Interpretation versuchen. Der Schuldner soll, wie wir dort gesehen, nicht zahlen, „ohne Anweisung des Verpfänders oder richterlichen Befehl;“ Förster nimmt an, die „Anweisung“ sei gleichbedeutend mit der „Bekanntmachung,“ welche die §§. 283, 297, §. 2 Verord. vom 9. Dcbr. 1809 erwähnen, und unter dem „richterlichen Befehl“ versteht er die Supplirung der von dem Verpfänder unterlassenen Denunciation. Gegen diese Auslegung ist mit Fug von v. Niebuhr[183]) Folgendes geltend gemacht worden: Die

---

[179]) Vergl. Matthis, Juristische Monatsschrift Bd. VIII S. 298, 588; Bd. IX S. 145.

[180]) In d. Reskript v. 20/10. 1809 bei Matthis, a. a. O., wird als Grund angegeben, daß die Losschlagung von Forderungen unter dem Werthe dem Pfandschuldner nachtheilig sei. Als wenn dies nicht bei jedem Pfandverkaufe eintreten könnte! Jene Reskripte sind übrigens durch die Kalamität der Zeit hervorgerufen.

[181]) Bei Loewenberg, a. a. O.

[182]) Bei Kamptz, Jahrb. Bd. 40 S. 287; in einem anderen Reskript daselbst S. 173 v. 17/9. 1832 hat sich der Just.-Minister v. Mühler dagegen im Sinne der heute herrschenden Lehre ausgesprochen. Ebenso der Gesetzes-Revisor (Ges. Rev. Pens. III S. 218) und die Motive zum bürgerl. Gesetzbuch v. 1840 Th. II S. 411, wogegen §. 1128 das. die richterliche Mitwirkung nur dann erfordert, wenn es sich um die Uebereignung der Forderung handelt.

[183]) A. a. O. S. 443, 444.

Denunciation, welche erfolgt, um die Beeinträchtigung des Rechtes des Pfandgläubigers durch Zahlungen an den Verpfänder oder sonstige Verhandlungen mit demselben zu hindern, bezweckt nur, daß der Schuldner von der Verpfändung weiß, die Zahlungsanweisung, daß er etwas thut; jene kann auch durch den Pfandgläubiger sofort nach Abschluß des Pfandvertrages geschehen, die Anweisung soll vom Verpfänder ausgehen, wie dieser §. ausdrücklich sagt, endlich steht die Bekanntmachung, wie ebenfalls richtig v. Niebuhr gegen Förster hervorgehoben, in dem folgenden §. 297 in einem bestimmten Gegensatz zu der vorher erwähnten „ausdrücklichen Anweisung." Aus diesen Gründen kann die Auslegung Förster's ebenso wenig gebilligt werden, wie die von v. Niebuhr vertretene, wesentlich diejenige des Obertribunals reproducirende.

Nach unserer Ansicht sagt der §. 296 Folgendes:

Der aus der verpfändeten Schuld Verpflichtete darf dem Pfandgläubiger nur zahlen, wenn er von seinem Gläubiger, dem Verpfänder, hierzu ausdrücklich angewiesen worden. Eine solche Anweisung sei nicht in der Bekanntmachung der Verpfändung enthalten und ist der Schuldner, sofern jene nicht ausdrücklich an ihn ergangen, verpflichtet, es auf den Prozeß des Pfandgläubigers ankommen zu lassen[184]).

Als das Resultat unserer Entwickelung ergiebt sich, daß das preuß. Recht mit dem gemeinen Rechte hinsichtlich der Realisirungsmodi des Forderungspfandes übereinstimmt[185]).

Nach eingetretener Fälligkeit der pfandgesicherten Forderung und rechtskräftigen Verurtheilung des Verpfänders[186]) kann der Pfandgläubiger die verpfändete Forderung privatim durch Cession verkaufen[187]) und haftet dann dem Erwerber nach §. 420 I, 11 ALR. sq.[188]). Auch kann er — und dies ist auch hier die Eigenthümlichkeit des Forderungspfandes — die verpfändete Forderung selbst eintreiben.

---

[184]) Aehnlich ist die Bestimmung des §. 342 sq. I, 14 ALR.; vergl. auch §. 24 I, 14 ALR., wo in obiger Bedeutung die Worte „ohne richterl. Befehl" gebraucht sind.

[185]) Förster, a. a. O. S. 399.

[186]) §. 25, 197, 198, I, 20 ALR.

[187]) Förster, S. 398, 414.

[188]) Vergl. §. 217—219 I, 20 ALR.

Die Ausübung der letzteren Befugniß setzt die Fälligkeit der verpfändeten Forderung voraus (§. 298 I, 20 ALR.); ist der aus derselben Verpflichtete von seinem Gläubiger angewiesen, dem Pfandgläubiger zu zahlen, so liberirt er sich jenem gegenüber dadurch, daß er der Anweisung nachkommt. Ohne eine solche darf er nicht zahlen, sondern muß es auf die Ausklagung durch den Pfandgläubiger ankommen lassen (§. 296 I, 20 ALR.).

Zur Substantiirung der Klage gehört der Nachweis der gehörig erfolgten Verpfändung und der rechtskräftigen Verurtheilung des Schuldners; daß der Kläger die Forderung richterlich überwiesen erhalten habe oder zu deren Einklagung ermächtigt worden sei, ist nach der vorstehenden Ausführung eben so wenig nothwendig, als, wie Förster meint[189]), der Nachweis der Denunciation an den Schuldner. Letztere wird vielmehr[189a]) dazu dienen, die von dem Verklagten unter Berufung auf seine Unkenntniß von der Verpfändung vorgebrachte Einrede der Zahlung oder sonstiger Tilgung seiner Verbindlichkeit zu entkräften.

Im Uebrigen kommen die vorher entwickelten Grundsätze des gemeinen Rechtes auch bei uns zur Geltung.

Wie das Pfandsystem des Handelsgesetzbuchs überhaupt kein vollständiges Ganzes ist, so enthält dasselbe auch in Betreff der Realisirung des Pfandrechtes an indossablen Papieren keine besonderen Bestimmungen; dieselbe unterliegt daher der Vorschrift des Art. 310 und 311, welche zu den Voraussetzungen des Art. 309 hinsichtlich der Entstehung, daß die Verpfändung unter Kaufleuten für eine Forderung aus beiderseitigen Handelsgeschäften geschehen, noch die weitere hinzuzufügen, daß die Verpfändung schriftlich erfolgt sei, oder doch dem Gläubiger die Befugniß eingeräumt worden ist, sich ohne richterliches Verfahren aus dem Pfande zu befriedigen. Der Verkauf des verpfändeten Ordrepapiers nach Handelsrecht unterscheidet sich von dem des gemeinen und preuß. Rechtes dadurch, daß er einerseits nicht privatim durch den Pfandgläubiger geschieht und nicht an die gemeinrechtlichen Fristen gebunden ist, andererseits, daß es zur Aus-

---

189) A. a. O. S. 390.

189a) Abgesehen von der Verpfändung einer nicht verbrieften Forderung, wo der Nachweis der Denunciation schon in dem Beweise der rite erfolgten Verpfändung enthalten ist.

übung desselben keines kontradiktorischen Verfahrens zur Feststellung der pfandversicherten Forderung wie nach preuß. Recht bedarf[190]).

Sind die vorgedachten Bedingungen nicht vorhanden, ist insbesondere das Pfand nur mündlich oder stillschweigend bestellt worden, so kann auch das kaufmännische Pfandrecht nur nach den Vorschriften des bürgerlichen Rechtes exercirt werden. Dagegen ist nicht, wie Laband[191]) annimmt, die Anwendung der handelsrechtlichen Grundsätze über die Ausübung des Verkaufes schon dann ausgeschlossen, wenn die Verpfändung von Orderpapieren nach civilrechtlichen Formen, also nicht mittelst Indossamentes erfolgt ist. Vielmehr steht dem Pfandgläubiger — das Vorhandensein der übrigen Voraussetzungen des Art. 309 HGB. angenommen — das Wahlrecht zu, die Veräußerung entweder in dem Verfahren des Landrechtes oder des Handelsgesetzbuchs auszuführen[192]). Wie früher bemerkt, sind andere als die im Art. 309 HGB. erwähnten Forderungsrechte, welche nur durch Cession übertragbar sind, nicht Gegenstände des kaufmännischen Pfandrechtes[193]). Ist nun eine solche nach bürgerlichem Rechte verpfändet und zwar in der Gestalt des Faustpfandes — was nach der Terminologie des letzteren zu beurtheilen ist — und sind die übrigen Voraussetzungen dargethan, Kaufmannseigenschaft der Parteien, Ursprung der pfandgesicherten Forderung aus beiderseitigen Handelsgeschäften und schriftliche Pfandbestellung, so finden doch auf ein solches nach bürgerlichem Rechte bestelltes Pfand für die Veräußerung desselben die Vorschriften des Art. 310 HGB. Anwendung, wie dies neuerdings von dem Reichs-Oberhandelsgericht[194]) auch angenommen worden ist. Es bleibt nun die Frage übrig, ob dem Erfordernisse der schriftlichen Bestellung des Faustpfandes im Sinne des Art. 310 HGB. durch das Indossament auf dem Orderpapiere genügt ist, oder ob hierzu eine besondere Skriptur erforderlich ist. Gewiß ist

---

[190]) Da diese Vorschriften d. HGB. nicht dem Forderungs-Pfande eigenthümlich sind, so erörtern wir diese nicht detaillirter, vergl. Laband, a. a. O. S. 267 sq., Hahn, Kommentar Bd. II S. 114—122.

[191]) A. a. O. S. 281.

[192]) Art. 312 Abs. 2; gleicher Ansicht ist Goldschmidt, Hdbch. Bd. I §. 99 S. 928, §. 90 Note 2.

[193]) Entsch. des ROHG. Bd. IX S. 242.

[194]) Entsch. des ROHG. Bd. XIV S. 29.

Laband, der sich für die letztere Alternative entscheidet, beizupflichten, weil das Indossament nicht dasjenige des Verpfänders zu sein braucht, überdies aus demselben nicht der auf die Pfandbestellung gerichtete Wille, „die Vereinbarung über die Verpfändung" erhellt. — Wir haben bei der Erörterung des handelsrechtlichen Pfandrechts nur des Veräußerungsrechtes gedacht, weil das Handelsgesetzbuch darüber, ob der Gläubiger auch das ius exigendi hat, Nichts bestimmt, so daß in dieser Hinsicht das betreffende Landes- oder Wechselrecht entscheidend wird[195]). Nach gemeinem und preuß. Rechte steht ihm, wie ausgeführt, jene Befugniß zu. Der klagende Pfandindossatar tritt dem, aus der Urkunde Verpflichteten selbständig als Gläubiger gegenüber und es können ihm Einreden aus seinem Verhältnisse zum Pfandschuldner nicht entgegengesetzt werden[196]); dies ist die Wirkung des Indossaments, daß bei der Geltendmachung des Rechtes aus der Urkunde die außerhalb derselben liegenden Beziehungen nicht in Betracht kommen; hierdurch ist gegensätzlich zum Civilrecht der Pfandgläubiger jeder weiteren Legitimation durch Aufdeckung des zwischen ihm und seinem Vormanne bestehenden materiellen Rechtsverhältnisses überhoben[197]), so daß ihm, wenn seine Forderung geringer ist, als der Werth des verpfändeten Orderpapiers, der verklagte Schuldner nicht die Einwendung entgegensetzen darf, daß er sich mit dem Betrage seiner Forderung zufrieden geben müsse. Dies gilt auch dann, wenn die Verpfändung nach Civilrecht geschehen, nur muß in diesem Falle die Klage entsprechend den früher dargestellten Erfordernissen substantiirt sein und der Kläger sich alle Einreden gefallen lassen, die der Schuldner gegen den Verpfänder bis zu der ihm geschehenen Bekanntmachung erworben hatte. Selbstverständlich berührt die Legitimation des Pfandgläubigers durch das Indossament auch im ersteren Falle nicht dessen Berechtigung dem Pfandschuldner gegenüber; diese beurtheilt sich nach dem zwischen ihnen bestehenden Rechtsverhältniß.

Wir sind hiermit an dem Hauptpunkt unserer Lehre angelangt, der Frage, welches Recht der Pfandgläubiger an dem ihm geleisteten

---

195) Vergl. Puchelt, Komment. zum ADHGB. S. 595. Borchardt, die Deutsche Wechsel-Ordnung Zus. 201, 360, 403 und die dort angef. Erkenntnisse.

196) Art. 303 HGB., Art. 82 WO. Borchardt, a. a. O. Zus. 631.

197) Art. 36 WO.

Objekte gewinnt. Die früher von Mühlenbruch[198]) und Trotsche[199]) für das gemeine Recht vertretene Ansicht wollte dem Pfandgläubiger nur ein Retentionsrecht einräumen, weil, wenn das durch die Leistung des Objekts untergegangene Recht ein dingliches nicht gewesen, an jenem ein solches auch nicht entstehen könne. Diese Ansicht ist heute allgemein aufgegeben[200]), und gewiß mit Recht; abgesehen von allen anderen Gründen widerspricht sie dem Zwecke des Rechtsgeschäftes durch Beeinträchtigung des Rechtes des Pfandgläubigers.

Diejenigen Juristen nun, welche das Recht des Forderungspfandgläubigers von vornherein als dingliches ansehen, lassen dasselbe mittelst eines neu aufgestellten juristischen Begriffes der sog. „Verwandelung" an der res soluta fortbestehen[201]). Dem gegenüber haben diejenigen Schriftsteller, welche von einem dinglichen Rechte an einer Forderung nichts wissen wollen, den rechtlichen Vorgang, welcher nach der Auffassung der Quellen unleugbar darin besteht, daß der Pfandgläubiger an dem geleisteten Objekt Pfandrecht erhält, durch ihre Ansicht von der subsidiären Anticipativverpfändung des Forderungsobjektes zu erklären versucht[202]), eine Auffassung, welcher Exner einen neuen Ausdruck gegeben hat, indem er[203]) das bisher in Pendenz befindliche Recht des Pfandgläubigers dadurch, daß dieser das Objekt in seinen Pfandbesitz bringt, perfekt werden läßt.

Unsere Differenz von den vorgetragenen Auffassungen des Forderungspfandes wird auch eine abweichende Erklärung des vorliegenden Punktes nach sich ziehen. Die Hauptstellen, in denen wir aus dem Munde der klassischen Juristen die Grundlage dafür gewinnen, sind die L. 18 pr. D. de pign. act. 13, 7 und die in dem hier in Betracht kommenden Theile mit dieser fast wörtlich übereinstimmende L. 13 §. 2 D. de pig. et hyp. 20, 1. Nachdem Paulus in erst-

---

198) Mühlenbruch, Cession §. 28 S. 342 sq. §. 52 S. 525 sq.

199) A. a. O. S. 112, 114.

200) Siehe Sintenis, Pfandrechtl. Streitfragen Heft 1 S. 26. Windscheid, Bd. I §. 239 Note 12. Exner, a. a. O. S. 142.

201) So Windscheid und Bremer, a. a. O. S. 175.

202) So Sintenis, Handbuch des Pfandrechts S. 137 sq.; ihm folgend Schwarze, a. a. O. S. 58 sq., und unter den Neueren Dernburg, Bd. I S. 468, und Eberhard, S. 33.

203) A. a. O. S. 136, 141.

genannter Stelle die Zulässigkeit der Forderungsverpfändung ausgesprochen, beschreibt er die Wirkung derselben: Ergo si id nomen pecuniarium fuerit exactam pecuniam tecum pensabis, si vero corporis alicuius, id quod acceperis erit tibi pignoris loco; und Marcian sagt unter Berufung auf Pomponius: . . . si quidem pecuniam debet is cuius nomen pignori datum est, exacta ea creditorem secum pensaturum, si vero corpus is debuerit et solverit pignoris loco futurum apud secundum creditorem; hiernach bekommt der Pfandgläubiger auch an dem geleisteten Objekte die Rechte eines Pfandgläubigers, womit auch der §. 290 ALR. I, 20 übereinstimmt[204]). Die Uebereinstimmung, mit welcher die römischen Juristen jenen Satz lehren, ohne Veranlassung zu nehmen, denselben zu rechtfertigen, dürfte Zweifel erregen, ob derselbe wirklich so schwierig zu erklären sei, wie dies den meisten Schriftstellern erschienen. Es ist dies in der That nicht der Fall. Hält man als ein Princip des Pfandrechts fest, daß das Recht des Pfandgläubigers sich auf Alles erstreckt, was sich aus dem Pfandobjekte nach den dasselbe seinem Zwecke nach treffenden rechtlichen Veränderungen entwickelt, so ergiebt sich jener Satz als eine Folge hieraus. Wie der Gläubiger, dem eine körperliche Sache verpfändet ist, nach dem iure creditoris erfolgten Verkauf an dem erlösten Kaufgelde Pfandrecht erhält[205]), welches ihn zur Befriedigung ermächtigt, so gewinnt der Forderungspfandgläubiger, der, statt das nomen zu verkaufen, dasselbe eingezogen hat, an dem geleisteten Objekte Pfandrecht. Wenn nun die herrschende Meinung, insbesondere Sohm[206]) behauptet, daß nach L. 18 D. cit. 13, 7 der Pfandgläubiger, wenn die Forderung in Geld bestand, daran nicht Pfandrecht, sondern unmittelbar Eigenthum erwerbe, so ist dem mit Recht von mehrern neueren Schriftstellern des gemeinen Rechtes widersprochen

---

[204]) Es ist damit, wie die Motive zum bürgerl. Gesetzbuch v. 1840 S. 411 bemerken, ausgedrückt, daß der Forderungspfandgläubiger durch Einziehung an der Sache Pfandrecht im engeren Sinne, Faustpfand, erhält.

[205]) Dies hier auszuführen, gehört nicht hierher; s. die beifallswerthe Entwickelung von Pfaff: „Geld als Mittel pfandrechtl. Sicherstellung" 1869 S. 26; vgl. L. 6 §. 1, L. 7 D. de pig. act. 13, 7. Hier wird der Pfandgläubiger, bis er sich aus dem eingenommenen Kaufgelde befriedigt hat, als Depositar des Verpfänders, dieser also als Eigenthümer des Geldes bezeichnet. Für das Preuß. Recht stimmt mit uns überein Förster, a. a. O. Bd. III S. 422 Note 72.

[206]) subpignus S. 112, 123.

worden[207]); die Worte „secum pensare“ drücken aus, daß die Befriedigung des Pfandgläubigers nicht mit der exactio pecuniae, sondern erst dann eintritt, wenn das Tilgungsmittel durch Aneignung in sein Vermögen übergegangen, wie dies auch in L. 4 Cod. de obl. et act. 4, 10 gelehrt wird: Adversus debitorem electis pignoribus personalis actio non tollitur, sed eo quod de pretio servari potuit, in debitum computato de residuo manet integra. Das mangelnde Verständniß des „secum pensare“ hat sowohl den §. 290 I, 20 ALR. zur Folge gehabt, welcher bestimmt, daß nur an den Naturalien oder anderen Sachen, nicht aber an baarem Gelde durch deren Einziehung der Gläubiger die Rechte eines eigentlichen Pfandinhabers erwirbt, als auch die jenen generalisirende Vorschrift des §. 292 I, 20, welcher die „Kompensation“, welche nach römischem Rechte bezüglich der exacta pecunia als geltend angenommen wurde, „auf alle Gegenstände, die einen marktgängigen Preis haben“, ausdehnte. Nach alledem wird man Klarheit darüber, wie aus dem persönlichen Rechte des Forderungspfandgläubigers ein dingliches Recht an dem geleisteten Objekt entstehe, bei den Redaktoren unseres allgem. Landrechts nicht erwarten können. Wenn nun der prior creditor die Forderung realisirt, so dauert das Recht der nachstehenden Gläubiger an dem jenem Geleisteten in gleicher Weise fort, wie beim Sachenpfand, als dingliches Recht, wenn ein anderer Gegenstand als Geld geleistet wurde, als Anspruch auf die hyperocha, wenn jenem eine Geldzahlung gemacht ist.

Es bietet dieser Punkt des Vorhandenseins der Kollision einer Mehrheit von Pfandrechten an derselben Forderung interessante Belege für die Charakteristik des Unterschiedes zwischen der gegnerischen Auffassung von der Natur des Forderungspfandes und der diesseits vertheidigten. Es ist nach dem, was früher darüber gesagt worden, selbstverständlich, daß sich die Erörterung über diesen Punkt auf das gemeine Recht beschränkt, da im preußischen und Handelsrecht eine Mehrheit von Pfandberechtigten nicht anders denkbar, als daß diesen gemeinschaftlich ein Pfandrecht an demselben Gegenstande als Gleichberechtigten eingeräumt wird. Wie wir sahen, bestimmt sich die

---

[207]) Schmidt, Cession Bd. I S. 120; ebenso Pfaff, S. 28 sq. Bremer, S. 172, Exner, a. a. O. Note 301.

Priorität mehrer Pfandnehmer nicht nach dem Momente der Denunciation[208]), sondern allgemeinen pfandrechtlichen Grundsätzen entsprechend nach der Entstehung oder dem Vorzug durch Privileg. Wie nun, wenn ein Posterior den Schuldner früher denuncirt hat, als der Prior? Wenn, bevor jenem der Schuldner Zahlung leistete, seitens des Prior die Denunciation bewirkt worden, so wird der Schuldner den Prioritätsprozeß den Prätendenten überlassen, und demjenigen erfüllen, der dort seine Besserberechtigung darthut. So weit herrscht Uebereinstimmung. Der Streit unter den Schriftstellern beginnt erst bei dem Falle, wenn, ehe der Prior den Schuldner denuncirte, dem Posterior geleistet worden war. Die Antwort Dernburg's auf diese Frage lautet, das Pfandrecht dauere fort, mag der zweite oder spätere oder der erste Forderungspfandgläubiger das Objekt vereinnahmt haben; man müßte darnach erwarten, daß der Prior dem Posterior das Empfangene abfordern könne. Dies leugnet jedoch Dernburg und erklärt den letzteren, sofern er bona fide gewesen[209]), oder das eingenommene Geld konsumirt hat[210]), dem Prior gegenüber von jeder Haftung frei. Vergeblich fragt man, wie die Annahme der Fortdauer des Pfandrechtes mit dieser Entscheidung zu vereinen sei; den hierin liegenden Widerspruch erkennt auch Bremer an und sucht denselben durch die Behauptung zu heben, die Pflicht des Posterior zur Ausantwortung des Empfangenen an den Prior existire immer, soweit desselben Forderung reiche, da an Stelle des Pfandrechtes an der Forderung, das Pfandrecht an dem Objekte derselben fortdauere, oder, wie Bremer sich weiter ausdrückt, „an Stelle des untergegangenen Pfandrechtes von Rechtswegen (!) eine persönliche Forderung getreten sei." Nach unserer Auffassung entbehrt diese Surrogirung einer persönlichen Klage anstatt des untergegangenen Rechtes des Forderungspfandgläubigers der rechtlichen Begründung, und Bremer läßt es auch bei Billigkeitsgründen bewenden. Hält man daran fest, daß von einem dinglichen Rechte des Forderungspfandgläubigers keine Rede sein kann, daß vielmehr den Gesammtinhalt seines Rechtes außer dem ius vendendi das ius exigendi

---

208) Dies war auch die Meinung Huschke's und Mühlenbruch's. Siehe dagegen Buchka, S. 41.

209) Diese Unterscheidung stammt aus der Glosse ad legem 13 §. 2 D. 20, 1.

210) Die Konsumtion tritt nach römischem Recht schon durch Vermischung ein.

ausmacht, so muß konsequent, sofern die Leistung an einen Dritten geschehen, mit dem hierdurch bewirkten Untergange des Objektes seines Rechts dieses letztere selbst verloren sein. Der Sachpfandgläubiger kann dem minderberechtigten Empfänger mittelst actio hypothecaria die Sache selbst entziehen, nicht so beim Forderungspfande; da, was der Dritte aus der Leistung des Schuldners besitzt, nicht Gegenstand des Rechtes des Pfandgläubigers gewesen, der letztere aber mit der Tilgung des nomen, durch die Erfüllung zu existiren aufgehört hat. Treffend drückt dies L. 11 §. 13 D. de leg. (III), wie folgt, aus: si nomen quis debitoris exegerit extinguitur ipsa constantia debiti . . . si rem alienaverit . . . ibi res durat, tam et si alienata est. Einen weiteren Beweis für die eben vorgetragenen Sätze können wir bei dem fragmentarischen Charakter der Quellen bezüglich unseres Institutes nicht beibringen, als durch den Wortlaut der wiederholt in Bezug genommenen L. 18 pr. D. de pig act. 13, 7: „exactam penuniam tecum pensaturum,“ und „corpus quod acceperis pignoris loco erit,“ welche unseres Erachtens die Fortdauer des Pfandrechtes nur dann als eintretend bezeichnet, wenn der Pfandgläubiger selbst das Objekt der Forderung vereinnahmt hat. Uebereinstimmung mit unserer Ansicht, daß das Recht des Gläubigers auf die verpfändete Forderung untergegangen, wenn ein Dritter dieselbe eingetrieben, finden wir principiell bei Trotsche ausgesprochen, nur daß sich dessen Ansicht nicht reimt mit seiner Auffassung von der dem Forderungspfandgläubiger zustehenden actio utilis als hypothecaria.

Unser preuß. Landrecht correspondirt im §. 290 I, 20 mit dem in unserer Weise ausgelegten römischen Recht, wenn es sagt: „Besteht die verpfändet gewesene Aktivforderung nicht in baarem Gelde, sondern in Naturalien oder anderen Sachen: so bekommt der Gläubiger, durch deren Einziehung, auf diese Sachen nur die Rechte eines eigentlichen Pfandinhabers.“ Bei den „Rechten eines eigentlichen Pfandinhabers“ denkt das Landrecht an die Rechte des Faustpfandgläubigers; daß der Forderungspfandgläubiger dieses werde, setzt aber voraus, daß er die Sachleistung erhält. Was nun den potior creditor anlangt, so hat derselbe zwar sein Recht verloren, gegen den unberechtigten Exigenten steht er aber auch nach unserer Ansicht nicht hilflos da. Mit dem Empfang der Leistung hat dieser dem Schuldner gegenüber die Verpflichtung übernommen, für seine Legitimation zum Empfange einzustehen, und falls diese und damit die Rechtsgiltigkeit der Erfüllung an ihn von einem Dritten angefochten werden sollte, die hieraus für den gezahlt habenden Schuldner entstehende prozessualische Gefahr auf sich zu nehmen[211]). Fällt dann der Prioritätsstreit zu Ungunsten des Zahlungsempfängers aus, so hat der Schuldner gegen ihn den Anspruch auf Rückerstattung mittelst condictio causa data causa non secuta, deren Cession der potior creditor verlangen kann, um mittelst derselben so viel von dem Posterior zu beanspruchen, als er sich vermöge seines Pfandrechtes anzueignen berechtigt gewesen wäre[212]). Der von Dernburg gemachte Unterschied, ob der Posterior bona oder mala fide gewesen, zeigt nur in dem Umfange der Schadensersatzpflicht des Empfängers seine Wirkung; im Uebrigen aber befreit ihn weder seine bona fides, noch die Konsumtion der pecunia exacta von der Erstattung in dem gedachten Umfange.

Gegenüber dem Verpfänder selbst, der zwar illicite aber valide durch Rechtsgeschäfte mit dem von der Verpfändung nicht unterrichteten Schuldner, das Recht des Pfandgläubigers vereitelt, hat letzterer nur eine persönliche Klage aus dem Pfandvertrage, da auch in diesem Falle von einem Pfandrechte an den solutionis causa geleisteten Objekten keine Rede sein kann[213]). In diesem Punkte scheint Dernburg[214]) gleicher Ansicht, wogegen unsere übrigen Gegner[215]) konse-

---

[211]) Wir stützen uns hier auf die von Baehr bei Ihering, Jahrbücher Bd. I S. 439—487 entwickelten Grundsätze; vergl. dessen richtige Bemerkung S. 462 Note 162.

[212]) Gleicher Ansicht mit uns ist Trotsche, a. a. O. S. 111, auch er hält die cedirte condictio des potior creditor für das einzige Hilfsmittel; beachtenswerth ist sein Hinweis S. 94 Note 107 auf die Analogie in L. 22 §. 6 Cod. de iure del. 6, 30; hier wird gegen die Erbschaftsgläubiger, welche von den Beneficialerben ohne Rücksicht auf ihre Priorität befriedigt werden, den hierdurch gekränkten besseren Gläubigern die actio hypothecaria oder condictio ex lege gewährt, welche letztere beweist, daß es an einer sonstigen Klage fehlt.

[213]) Ebenso Trotsche, a. a. O. S. 116.

[214]) A. a. O. S. 475.

[215]) Windscheid, Bd. I §. 239 Note 12. Bremer, S. 169. Exner, S. 139.

quenter auch in diesem Falle die Fortdauer des Pfandrechtes annehmen. „Es ist kein Grund vorhanden," meint Windscheid, „warum nicht auch hier die Verwandlung eintreten solle;" „allerdings," setzt er hinzu, „wird die Unverfolgbarkeit des Geldes, welche regelmäßig stattfinden wird, ein Hinderniß bilden." Exner, der von dieser Bremer-Windscheid'schen Verwandlungslehre nichts wissen will, deducirt: der Verpfänder wird Eigenthümer der geleisteten Species, daher tritt das Pfandrecht des Gläubigers an dieser Sache in das Stadium der Reife, dies beweise die L. 13 §. 2 D. de pig. et hyp. 20, 1. Wenn aber auch — was bei der ungemeinen Meinungsverschiedenheit über die Auslegung dieser in der Lehre vom subpignus eine so berühmte Rolle spielenden Stelle dahin gestellt bleiben mag[216]) — hier dem Afterpfandgläubiger gegen seinen Schuldner, den Afterverpfänder, der die Pfandsache von dem ersten Verpfänder eingetrieben, auf deren Herausgabe eine Klage gewährt wird, welche nach Exner's Meinung[217]) die hypothecaria ist, so ist dies ganz begründet, da dem Afterpfandgläubiger an der ihm verpfändeten Pfandsache ein dingliches Recht zusteht, was eben bei dem Forderungspfandgläubiger nicht der Fall ist.

Wie wir bisher die bei dem Sachenpfandrecht geltenden Grundsätze von denen der Forderungsverpfändung nur insoweit, als aus der Verschiedenheit der verpfändeten Objekte sich dies rechtfertigte, abweichend gefunden, so stimmt die Stellung des Forderungspfandgläubigers im Konkurse des Verpfänders nach gemeinem Rechte überein mit der aller anderen Pfandgläubiger; auch er also findet vor den chirographarischen Gläubigern und den übrigen Pfandgläubigern nach der Qualität seines Rechtes Befriedigung[218]). Auch im preuß. Rechte hat er nach §. 32 Konk.-Ord. vom 8. Mai 1855, wie dies schon nach dem §. 2 der Verord. vom 28. Decbr. 1840 der Fall war, die Befugniß, im Konkurse des Verpfänders abgesondert aus dem Pfandobjekte Befriedigung zu erlangen; es setzt dies aber die Beob-

---

[216]) v. Vangerow, Pandekten Bd. I §. 368 Anmerkung 2.

[217]) A. a. O. Seite 161 Note 298.

[218]) v. Holzschuher, Theorie und Kasuistik II S. 419 sub 10 und die dort citirten. Pfeiffer, Prakt. Ausführungen Bd. VII S. 8. Roth, Bayr. Civ.-Recht II §. 197 Note 13.

achtung der für die Pfandbestellung vorgeschriebenen Förmlichkeiten voraus, welche seinem Rechte gegenüber den übrigen Konkursgläubigern den Charakter des Faustpfandes verleiht[219]). In dem Konkurse des aus der verpfändeten Forderung Verpflichteten figurirt er nach allen Rechten natürlich nur als chirographischer Gläubiger und wie er außer dem Konkurse, nach unserer früheren Entwickelung, die ganze Forderung eintreiben kann, so kann er diese auch ganz zur Konkursmasse anmelden, auch wenn seine Forderung an den Verpfänder weniger beträgt[220]).

Von den Beendigungsgründen des Forderungspfandes erscheint allein der Einfluß der Konfusion der Erörterung werth zu sein. Die übrigen Fälle beantworten sich ganz nach den allgemeinen Grundsätzen des Sachenpfandes; den ferneren Beendigungsgrund des Forderungspfandes dadurch, daß ein Dritter die Forderung einzieht, haben wir des Nähern beleuchtet. Setzen wir nun den Fall, der Verpfänder werde Rechtsnachfolger seines Schuldners oder umgekehrt, so wird durch diesen Fall der Konfusion die Forderung aufgehoben, und es geht mit derselben das Objekt des Pfandrechts unter. Von den Schriftstellern nimmt das Gleiche nur Bremer an[221]), während die anderen Schriftsteller dieselbe wegen ihrer Unbilligkeit verwerfen, und so sucht denn Windscheid[222]) mit der gewiß sehr problematischen Erkärung zu helfen, es müsse die Obligation für das Pfandrecht fortdauern; daß Windscheid selbst durch diese Erklärung nicht sehr befriedigt ist, zeigt deren Formulirung: „Der Pfandgläubiger, sagt er, hat die Macht, von dem früheren Schuldner resp. dessen Erben eine Leislung, wie sie kraft der verpfändeten Obligation gefordert werden könnte, kraft seines Pfandrechtes einzutreiben." Dernburg erklärt den Fall für sehr zweifelhaft und umgeht dessen Lösung[223]), indem er die Antwort nur für den analogen Fall bei der Cession versucht, ohne zu behaupten, daß dieselbe auch hier zutreffe. Gewiß

---

219) Vergl. Motive eines Entwurfes einer Konk.-Ord. für das Deutsche Reich, Deutscher Reichstag, Aktenstück zu No. 200 S. 1453. Striethorst, Archiv Bd. 42 S. 4.

220) Ebenso Dernburg, a. a. O. S. 466.

221) Bremer, a. a. O. S. 156.

222) Pandekten I §. 248 Note 12.

223) A. a. O. S. 474, 475.

geben wir zu, daß den Pfandgläubiger es schwer trifft, die erworbene Sicherheit durch einen ipso iure eintretenden Rechtsvorgang zu verlieren[224]), aber daß das Objekt seines Rechtes durch Rechtsvorgänge, wie diesen, und den früher geschilderten in seiner Existenz bedroht ist, beweist nur, daß dasselbe sich weniger, als die körperliche Sache für die Verpfändung eignet. Konsequenter als Dernburg vertritt Exner seine Auffassung des dinglichen Verhältnisses beim pignus nominis durch seine Behauptung, die Rechtstellung des Pfandgläubigers in dem vorliegenden Falle verbessere sich sogar, da die bei der Verpfändung in Aussicht genommene Eventualität des Eigenthums des Verpfänders verwirklicht und damit das eventuelle dingliche Recht ein aktuelles geworden. Daß diese, juristisch nach unserer Auffassung nicht haltbare, und von der unseren differirende Entscheidung übrigens dem Gläubiger besonders häufig von praktischem Nutzen sein dürfte, wagen wir zu bezweifeln, denn, wenn das nomen ein pecuniarium gewesen, wird der Pfandgläubiger doch auf die aus dem persönlichen Schuldverhältniß resultirende Klage recurriren müssen.

Der Fall nun in der Vereinigung der Personen des Pfandgläubigers und Verpfänders beantwortet sich ohne Schwierigkeit, dagegen ist die Entscheidung wieder sehr bestritten, wenn zwischen dem Pfandgläubiger und dem Schuldner des Verpfänders Konfusion eintritt. Nach unserer Auffassung geht dann das Forderungspfandrecht zu Grunde, da, wenn der Pfandgläubiger den Schuldner des Verpfänders beerbte, die verpfändete Forderung in sein Vermögen als Passivum übergegangen, wenn dieser der Rechtsnachfolger des Pfandgläubigers geworden, er nicht in der Lage ist, das ererbte Pfandrecht gegen sich selbst auszuüben. Die Entschädigung für diesen Untergang des Pfandrechtes bietet bei der ersten Alternative dem Pfandgläubiger die exceptio doli, wenn der Verpfänder gegen ihn als den Erben seines Schuldners auftritt, während bei der anderen Alternative der Schuldner, den jener wegen seiner ursprünglichen Verbindlichkeit belangt, ihm die Einrede aus der Forderung seines Rechtsurhebers, des Pfandgläubigers, entgegensetzt[225]).

---

[224]) Exner, S. 144.

[225]) Uebereinstimmend Dernburg, abweichend Bremer; siehe dessen Widerlegung bei Exner, S. 146, 147.

Nach Exner[226]) natürlich muß die „dingliche Wirkung der Forderungsverpfändung, der Pfandnexus an dem geschuldeten Objekt fortdauern, da durch die confusio nur der obligationenrechtliche Theil der Wirkungen untergegangen und nur das ius exigendi und vendendi nicht mehr denkbar sind."

---

Im Vorstehenden haben wir das Recht des Forderungspfandes durch alle Stadien hindurch verfolgt und sind am Ziele unserer Aufgabe. Das Ergebniß ist die Erkenntniß, daß, abgesehen von dem handelsrechtlichen Forderungspfande, welches durch das dingliche Recht an der die Forderung verkörpernden Urkunde vermittelt wird, das Forderungspfand weder nach römischem noch nach preuß. Rechte dinglicher Natur ist. Dasselbe kann nur ein persönliches Recht sein. Trotzdem aber ist es wahres Pfandrecht.

Denn wie das Pfandrecht an körperlichen Sachen sich als dingliches Recht von den übrigen dinglichen Rechten mannigfach unterscheidet, dadurch dasselbe eine dauernde Ausübung nicht gestattet, sondern in der Ausübung untergeht, letztere dagegen begrifflich eine dauernde Ausübung zum Inhalt haben, das Pfandrecht nur, was eine Forderung bereits gewährt, sichern soll, jene einen selbstständigen Werth in sich tragen, dieses nur ein Verwerthungsrecht, jene Gebrauchs- und Fruchtziehungs-Befugnisse verleihen, so kann die Dinglichkeit überhaupt nicht als ein Erforderniß des Pfandrechtes, sondern nur als ein dem Sachenpfand innewohnender Charakter bezeichnet werden. Der Pfandrechtsbegriff als solcher hat seine Stellung zwischen den dinglichen und persönlichen Rechten und die Zugehörigkeit zu der einen oder anderen Klasse bestimmt sich nach der Beschaffenheit des Objektes, welches zum Pfande bestellt worden; die hieraus sich ergebenden Verschiedenheiten finden aber ihren Vereinigungspunkt in dem gemeinsamen ökonomischen Ziele alles Pfandrechtes und den aus diesem resultirenden, nur in Hinsicht der Mittel der Geltendmachung differirenden Befugnissen. Die ökonomische Einheit des Begriffes bethätigt sich dann juristisch in dem Stadium der Realisirung, der pignoris persecutio, sei

---

[226]) S. 177, 178 im Anschluß an Schmidt, Cession S. 128.

es durch Verkauf beim Sachenpfande, oder neben jenem durch Ausübung des ius exigendi in dem Forderungspfande.

In allen Fällen erhält der Gläubiger an dem Pfanderlöse, dem Gelde, ein dingliches Recht, und es bewahrheitet sich das Wort des Ulpian in L. 17 D. de pign. et hyp. 20, 1: „pignoris persecutio in rem parit actionem creditori".

Buchdruckerei von Gustav Schade (Otto Francke) in Berlin.

FSC
www.fsc.org
MIX
Papier | Fördert
gute Waldnutzung
FSC® C083411

Kolibri 360 GmbH
Ferdinand-Jühlke-Straße 7
99095 Erfurt, Deutschland
produktsicherheit@kolibri360.de